本书由
中央高校建设世界一流大学（学科）
和特色发展引导专项资金
资助

中南财经政法大学“双一流”建设文库

中｜国｜经｜济｜发｜展｜系｜列｜

定向增发与利益输送行为研究

赵玉芳 著

中国财经出版传媒集团

经济科学出版社
Economic Science Press

图书在版编目（CIP）数据

定向增发与利益输送行为研究/赵玉芳著．—北京：经济科学出版社，2019.12
（中南财经政法大学“双一流”建设文库）
ISBN 978－7－5218－1165－0

Ⅰ.①定… Ⅱ.①赵… Ⅲ.①上市公司－融资－研究－中国 Ⅳ.①F279.246

中国版本图书馆CIP数据核字（2019）第291297号

责任编辑：孙丽丽 撖晓宇
责任校对：隗立娜
版式设计：陈宇琰
责任印制：李 鹏 范 艳

定向增发与利益输送行为研究
赵玉芳 著
经济科学出版社出版、发行 新华书店经销
社址：北京市海淀区阜成路甲28号 邮编：100142
总编部电话：010－88191217 发行部电话：010－88191522
网址：www.esp.com.cn
电子邮箱：esp@esp.com.cn
天猫网店：经济科学出版社旗舰店
网址：http://jjkxcbs.tmall.com
北京季蜂印刷有限公司印装
787×1092 16开 11印张 180000字
2019年12月第1版 2019年12月第1次印刷
ISBN 978－7－5218－1165－0 定价：46.00元

总　序

"中南财经政法大学'双一流'建设文库"是中南财经政法大学组织出版的系列学术丛书，是学校"双一流"建设的特色项目和重要学术成果的展现。

中南财经政法大学源起于1948年以邓小平为第一书记的中共中央中原局在挺进中原、解放全中国的革命烽烟中创建的中原大学。1953年，以中原大学财经学院、政法学院为基础，荟萃中南地区多所高等院校的财经、政法系科与学术精英，成立中南财经学院和中南政法学院。之后学校历经湖北大学、湖北财经专科学校、湖北财经学院、复建中南政法学院、中南财经大学的发展时期。2000年5月26日，同根同源的中南财经大学与中南政法学院合并组建"中南财经政法大学"，成为一所财经、政法"强强联合"的人文社科类高校。2005年，学校入选国家"211工程"重点建设高校；2011年，学校入选国家"985工程优势学科创新平台"项目重点建设高校；2017年，学校入选世界一流大学和一流学科（简称"双一流"）建设高校。70年来，中南财经政法大学与新中国同呼吸、共命运，奋勇投身于中华民族从自强独立走向民主富强的复兴征程，参与缔造了新中国高等财经、政法教育从创立到繁荣的学科历史。

"板凳要坐十年冷，文章不写一句空"，作为一所传承红色基因的人文社科大学，中南财经政法大学将范文澜和潘梓年等前贤们坚守的马克思主义革命学风和严谨务实的学术品格内化为学术文化基因。学校继承优良学术传统，深入推进师德师风建设，改革完善人才引育机制，营造风清气正的学术氛围，为人才辈出提供良好的学术环境。入选"双一流"建设高校，是党和国家对学校70年办学历史、办学成就和办学特色的充分认可。"中南大"人不忘初心，牢记使命，以立德树人为根本，以"中国特色、世界一流"为核心，坚持内涵发展，"双一流"建设取得显著进步：学科体系不断健全，人才体系初步成型，师资队伍不断壮大，研究水平和创新能力不断提高，现代大学治理体系不断完善，国际交流合作优化升级，综合实力和核心竞争力显著提升，为在2048年建校百年时，实现主干学科跻身世界一流学科行列的发展愿景打下了坚实根基。

“当代中国正经历着我国历史上最为广泛而深刻的社会变革，也正在进行着人类历史上最为宏大而独特的实践创新”，“这是一个需要理论而且一定能够产生理论的时代，这是一个需要思想而且一定能够产生思想的时代”①。坚持和发展中国特色社会主义，统筹推进“五位一体”总体布局和协调推进“四个全面”战略布局，实现“两个一百年”奋斗目标、实现中华民族伟大复兴的中国梦，需要构建中国特色哲学社会科学体系。市场经济就是法治经济，法学和经济学是哲学社会科学的重要支撑学科，是新时代构建中国特色哲学社会科学体系的着力点、着重点。法学与经济学交叉融合成为哲学社会科学创新发展的重要动力，也为塑造中国学术自主性提供了重大机遇。学校坚持财经政法融通的办学定位和学科学术发展战略，“双一流”建设以来，以“法与经济学科群”为引领，以构建中国特色法学和经济学学科、学术、话语体系为己任，立足新时代中国特色社会主义伟大实践，发掘中国传统经济思想、法律文化智慧，提炼中国经济发展与法治实践经验，推动马克思主义法学和经济学中国化、现代化、国际化，产出了一批高质量的研究成果，“中南财经政法大学‘双一流’建设文库”即为其中部分学术成果的展现。

文库首批遴选、出版二百余册专著，以区域发展、长江经济带、“一带一路”、创新治理、中国经济发展、贸易冲突、全球治理、数字经济、文化传承、生态文明等十个主题系列呈现，通过问题导向、概念共享，探寻中华文明生生不息的内在复杂性与合理性，阐释新时代中国经济、法治成就与自信，展望人类命运共同体构建过程中所呈现的新生态体系，为解决全球经济、法治问题提供创新性思路和方案，进一步促进财经政法融合发展、范式更新。本文库的著者有德高望重的学科开拓者、奠基人，有风华正茂的学术带头人和领军人物，亦有崭露头角的青年一代，老中青学者秉持家国情怀，述学立论、建言献策，彰显“中南大”经世济民的学术底蕴和薪火相传的人才体系。放眼未来、走向世界，我们以习近平新时代中国特色社会主义思想为指导，砥砺前行，凝心聚

---

① 习近平：《在哲学社会科学工作座谈会上的讲话》，2016年5月17日。

力推进“双一流”加快建设、特色建设、高质量建设，开创“中南学派”，以中国理论、中国实践引领法学和经济学研究的国际前沿，为世界经济发展、法治建设做出卓越贡献。为此，我们将积极回应社会发展出现的新问题、新趋势，不断推出新的主题系列，以增强文库的开放性和丰富性。

“中南财经政法大学‘双一流’建设文库”的出版工作是一个系统工程，它的推进得到相关学院和出版单位的鼎力支持，学者们精益求精、数易其稿，付出极大辛劳。在此，我们向所有作者以及参与编纂工作的同志们致以诚挚的谢意！

因时间所囿，不妥之处还恳请广大读者和同行包涵、指正！

中南财经政法大学校长

前　言

定向增发作为股权分置改革之后我国资本市场上出现的一种灵活而富有弹性的股权再融资方式，一经推出就得到上市公司的青睐和市场的追捧，并逐步成为全流通时代中国上市公司最主要的股权再融资方式之一。我国上市公司定向增发的目的不仅是筹集资金，还有通过定向增发收购控股股东、实际控制人及其关联方的资产，以实现集团整体上市。然而，我国上市公司的控股股东、实际控制人及其关联方认购的股份存在3年的锁定期限制，锁定期越长，遭受股价波动带来的市场风险和损失就越大。因此，一些控股股东等增发对象就会通过各种途径寻求额外利益来对市场风险和损失进行补偿。本书在对国内外大小股东代理问题、利益输送、定向增发以及定向增发与利益输送相关问题研究现状和最新发展进行梳理的基础上，基于中国证券市场的环境、定向增发长期市场反应的理论、利益输送理论和大小股东代理冲突下大股东参与定向增发利益输送的理论，分别从现金股利、资金占用和投资过度三个方面探索性地研究定向增发中伴随的利益输送问题，并进行实证检验。本书希望通过对定向增发中利益输送的实证研究，为了解我国定向增发中伴随的利益输送行为和提高定向增发募集资金使用效率提供参考。

本书采用可比公司法和双重差分法，对我国上市公司定向增发与增发后的现金分红的关系问题进行分析，并深入研究了大股东参与定向增发对现金分红的影响。研究结果发现，相对于没有实施任何再融资方式的公司，实施定向增发的公司倾向于在增发后派发更多的现金股利；相对于大股东未参与定向增发的公司，大股东参与定向增发的公司在增发后派发的现金股利更多。同时本书还发现，在“定向增发当年”和“大股东参与定向增发当年”，上市公司立即加大派发现金股利的力度。这些研究结果表明，我国部分上市公司的大股东具有在定向增发后选择现金分红方式进行利益输送的显著行为倾向。

本书基于2006年5月8日~2010年12月31日的沪深两市286家实施定向增发的上市公司为研究样本，采用双重差分法，实证研究了大股东参与定向增发与增发后公司资金占用的问题。研究结果发现，相对于大股东未参与定向增发的公司，大股东参与定向增发的公司在增发后资金占用更加严重。同时本书还发现，大股东参与定向增发后公司资金占用的增长率每一年都显著增加。

本书基于2006年5月8日~2009年12月31日的沪深两市成功实施定向增发的上市公司为研究样本，运用可比公司法和双重差分法，研究中国上市公司定向增发后上市公司投资及投资效率的问题，以及大股东参与定向增发对公司投资效率的影响。研究发现，相对于没有实施任何再融资方式的公司，定向增发公司在增发后更容易投资过度；相对于没有实施任何再融资方式的公司，定向增发之后的投资过度更容易损害公司业绩；相对于大股东未参与定向增发的公司，大股东参与定向增发的公司在增发后更容易发生投资过度。这些研究结果表明，我国上市公司的大股东具有利用各种途径索取额外利益补偿限售期内市场风险和损失的动机，具有在定向增发后通过实施有利于自身利益的投资掌握控制性资源，攫取控制权私利的显著行为倾向。

本书的研究表明，我国一些上市公司定向增发中存在严重的利益输送问题。不仅仅有定向增发前存在高折价发行、打压基准日前的股价、长期停牌、注入劣质资产以及盈余管理等利益输送行为，定向增发后还存在现金股利、资金占用、投资于净现值为负或零的项目等利益输送行为。本书为定向增发的相关研究提供了一个崭新的视角和双重差分的研究方法，同时也拓展了国内外学者关于定向增发与利益输送的理论研究，为监管制度的完善提供更丰富的经验证据，以期促进我国资本市场的健康发展。

目　录

第一章 绪论

第一节　问题的提出

自股权分置改革之后，2006 年 5 月 8 日中国证监会发布了《上市公司证券发行管理办法》，首次将非公开发行（亦称“定向增发”或“私募增发”）股票这一“新生事物”纳入我国法规约束范畴。此后，定向增发在我国证券市场迅速发展。定向增发，即为非公开发行股票。《上市公司证券管理办法》指出，非公开发行是指上市公司采用非公开的方式，向特定对象发行股票。

定向增发是在完成股权分置改革背景下借鉴境外资本市场引入的新的股权再融资方式，相对于配股（rights offerings）和公开增发（seasoned equity offerings）等股权再融资方式而言，定向增发（private equity placements）具有发行程序简单、定价方式灵活、发行成本低、审批程序短等优点。同时，定向增发在为中国上市公司实现整体上市、筹集项目资金、引入战略投资者、完成并购和实行股权激励等方面发挥着重要作用。根据相关数据统计（见表 1 - 1），2006 年 5 月 8 日至 2011 年 12 月 31 日，我国上市公司以配股、公开增发和定向增发三种方式总共进行了 893 次股权再融资，再融资额共计 1 349 089 亿元。从表 1 - 1 中可以看出，2006 年定向增发股权再融资方式一经推出，就受到上市公司的热烈追捧。2006 年，沪深两市共有 50 家上市公司实施定向增发股权再融资，募集资金 932. 3 亿元，占同期所有股权再融资募集资金的 89. 16%。2007 年，沪深两市进行定向增发股权再融资的家数持续增长，2007 年共有 147 家上市公司实施定向增发股权再融资。2008 年全球金融危机，导致股价低迷，相对于 2007 年，2008 年和 2009 年进行定向增发的公司数量有较大幅度降低。2010 年，进行定向增发的家数又开始增加，仅仅 2010 年就有 155 家上市公司进行定向增发。2011 年有 157 家上市公司进行定向增发再融资，募集资金 1 333 559 亿元，占同期所有股权再融资募集资金的 99. 99%。在 2006 ~ 2011 年间沪深两市共有 590[①] 家上

① 2006 ~ 2011 年，中国上市公司实施定向增发股权再融资共 734 次，有些公司实施定向增发股权再融资 2 次以上，因此中国 A 股共有 590 家上市公司实施了定向增发股权再融资。

市公司实施定向增发股权再融资，占全部股权再融资股份的73%，定向增发募集资金1 344 752.68亿元，占同期全部股权再融资募集资金的99.68%，可见中国上市公司对定向增发的青睐已经逐步超过公开增发和配股，定向增发成为股权分置改革之后我国上市公司股权再融资的最主要方式之一。因此，研究定向增发中的利益输送问题具有重要的现实意义。

表1－1　　2006～2011年中国上市公司A股股权再融资情况　　单位：亿元

年份	配股			公开增发			定向增发		
	家数	金额	比例（%）	家数	金额	比例（%）	家数	金额	比例（%）
2006	3	11.06	5.08	6	102.30	10.17	50	932.30	84.75
2007	7	230.87	3.80	30	675.03	16.30	147	2 649.69	79.89
2008	8	136.50	5.59	28	518.23	19.58	107	1 633.99	74.83
2009	10	103.94	7.04	14	261.69	9.86	118	2 672.22	83.10
2010	21	1 498.68	11.29	10	377.14	5.38	155	3 305.26	83.33
2011	12	194.05	6.70	10	226.41	5.59	157	1 333 559	87.71

资料来源：根据Wind中国金融数据库相关数据整理。

随着定向增发的重要性的日益凸显，其成为学术界和实务界关注的一个焦点问题。定向增发作为一种灵活和富有弹性的融资方式带来了融资便利，但对增发对象和增发股份流通方面存在严格限制，致使控股股东、实际控制人及其关联方等典型增发对象在较长的股票限售期内，容易遭受股价波动带来的市场风险与损失。因此，控股股东等增发对象存在通过多种途径寻求额外利益补偿市场风险与损失的内在动机。国外的研究已经证实定向增发中确实存在明显的“利益输送”行为（Cronqvist and Nilsson，2005；Beak，Kang and Lee，2006）。定向增发在我国尚处于成长阶段，法律规范和监管、审核政策及制度还不健全，这给我国上市公司通过定向增发进行利益输送提供了空间。另外，我国上市公司集中的股权结构也为定向增发对象规避增发风险和寻求额外利益补偿提供了便利，这些因素可能导致我国上市公司定向增发中的利益输送问题比其他国家更加严重。

本书运用可比公司法和双重差分方法，试图以2006年5月8日至2011年12月31日沪深两市实施定向增发的上市公司研究样本为基础，从定向增发后现金分红、资金占用和投资过度三个视角探索性地研究定向增发中伴随的利益输送问题。本书深入考察我国上市公司在定向增发后通过现金分红、资金占用和投资过度进行利益输送的问题，为我国监管部门制定抑制定向增发中利益输送问题的政策提供经验证据，以促进我国资本市场的健康发展。

第二节　研究的意义

本书以2006年5月8日至2011年12月31日沪深两市实施定向增发的上市公司为研究样本，分析上市公司在定向增发中可能伴随的利益输送问题。首先，基于中国证券市场的制度背景，通过对我国上市公司定向增发的经济后果进行理论分析，得到影响定向增发长期市场绩效下降的主要原因之一就是定向增发中伴随的利益输送问题。其次，本书进一步探讨了在我国特有的制度背景下上市公司定向增发中利益输送的方式，并从理论和实证角度对定向增发中的利益输送方式进行了实证研究。本书的研究拓展了国内外学者关于定向增发与利益输送的理论研究，对进一步理解定向增发再融资方式具有重要意义，这为我国资本市场现有政策的改进和完善提供了依据和方向。

具体来说，本书的研究意义主要表现在以下四个方面：

第一，本书在理论上丰富和拓展了新兴市场经济国家定向增发与利益输送行为的相关研究。本书基于定向增发长期市场反应的相关理论，发现定向增发中伴随的利益输送问题是影响定向增发长期市场反应和经营业绩欠佳的主要因素，这是从定向增发的经济后果的角度来分析其影响因素。无论是定向增发过程前，还是增发完成后，上市公司都存在向定向增持方输送利益的行为。本书基于中国证券市场特有的制度环境、定向增发长期市场反应的理论、利益输送理论和大小股东代理冲突下大股东参与定向增发利益输送的理论框架，从现金分红、资金占用和投资过度三个角度探讨我国上市公司定向增发中伴随的利益输送问题。本书涉及的理论分析为定向增发与利益输送的相关研究提供新的证据。

第二，本书在实证上丰富和拓展了定向增发与利益输送的相关研究。从实证上来说，本书从现金分红、资金占用和投资过度三个视角检验了定向增发中伴随的利益输送问题，并且是从定向增发后验证了定向增发中伴随的利益输送问题。以往的研究证明，定向增发中利益输送行为的研究主要集中于定向增发过程前或增发过程中的高折价发行、打压基准日前的股价、长期停牌、注入劣质资产以及盈余管理等方式向定向增持方进行利益输送，但是这些研究并没有从定向增发后现金分红、资金占用和投资过度的角度检验定向增发中伴随的利益输送问题。本书的研究有利于探索定向增发后利益输送的具体的途径，为前述理论假设提供实证证据。

第三，本书丰富和拓展了大小股东代理冲突问题的研究。本书选择大股东参与定向增发作为主要变量来检验大股东参与定向增发对定向增发后的现金分红、资金占用、投资过度的影响，为相关的研究找到了新的视角，研究结论也将进一步深化对大小股东代理冲突问题的理解。本书的研究以一个侧面反映出上市公司实施定向增发可能是为了便于向大股东输送利益。本书的实证研究结果为我国监管部门制定抑制大股东侵占上市公司和中小股东利益的政策提供实证证据，对加强定向增发中大股东利益输送行为的治理具有非常重要的现实意义。

第四，本书的研究结果为证券监管部门制定股权再融资相关政策和抑制大股东利益输送行为提供了参考。本书通过对现金分红、资金占用和投资过度相关研究的引入，着力于从理论和实证两个方面揭示我国定向增发中伴随的利益输送问题以及大股东参与定向增发对利益输送方式的影响。本书不仅有利于弄清楚上市公司青睐定向增发股权再融资的真正原因和定向增发中利益输送的方式，而且为证券监管部门制定相关政策和抑制大股东利益输送行为提供了指导，也为证券监管部门制定相关政策和抑制大股东利益输送行为提供了指导，同时也丰富了定向增发和利益输送在我国的实证研究，为不同国家之间的比较研究提供参考。

第三节　相关概念的界定

1. 股权再融资

股权再融资是指已上市的公司，根据公司资金的需要，通过发行新的股票进行权益性融资的行为。中国上市公司股权再融资的方式主要有：配股（rigths offerings）、公开增发（seasoned equity offerings）以及定向增发（private equity placements）。

2. 定向增发

定向增发也称非公开发行股票，是指上市公司采用非公开方式，以一定的发行价格（通常以一定的折扣率）向特定的投资者增发股票的一种行为。中国上市公司的定向增发，实质上类似于美国、英国等发达国家证券市场的一种私募发行（private placement）行为，如果只对上市公司的老股东发行则不会增加新股东。2006 年 5 月 8 日中国证监会发布了《上市公司证券发行管理办法》，首次将非公开发行（亦称定向增发或私募增发）股票这一“新生事物”纳入我国法规约束范畴。定向增发即非公开发行股票。《上市公司证券管理办法》明确规定了定向增发的准入门槛、发行程序和信息披露，从而奠定了定向增发在中国股市的法律基础。定向增发的发行对象为不超过十名的特定对象，特定对象可以是原有股东、个人投资者和机构投资者，且必须符合股东大会决议规定的发行条件。发行对象为境外战略投资者的应当经国务院相关部门的事先批准①。定向增发是上市公司的一种增资行为，公司的总股本会增加，但证券管理部门一般都规定特定投资者所认购的私募发行的股份在一定时期内限制出售。定向增发的发行价格一般要在公司股票二级市场股价的基础上打折，定向增发不需要履行刊登招股说明书、公开询价等程序，因此操作起来相对比较简单。而如果采取公开增发、配股等股权再融资方式则要先刊登招股说明书，然后通过聘请承销机构，公开询价等必要程序，不但承销费用是定向增发的一倍左右，而且操作时间上也要比定向增发长。在中国，证券管理部门对定向增发的审核程序要比公开增发和配股简单。

定向增发这种股权再融资方式与公开增发的出现一样，带有一定的政策倾向，对中国资本市场的改革有积极的推动作用。通过定向增发，不同募集资金用途反映了不同的功能。当上市公司通过定向增发募集资金是为了获得控股股东的资产时，定向增发具有实现资产注入的功能。因此本书将定向增发的公司按参与者分为两类：大股东参与定向增发的公司和大股东未参与定向增发的公司。当定向增发的募集资金用途是为了取得控股股东的资产时，定向增发的发

① 中国证监会：《上市公司证券发行管理办法》，2006 年 5 月 8 日。

行对象主要是原有股东。上市公司通过定向增发所得到的利益和公开增发、配股是一样的，唯一的区别是发行对象不一样。上市公司的原有股东认购股份，无论是认购全部增发股份还是参与认购部分股份，他们的认购方式和其他投资者都是一样的，这体现了“同股同价”的定价方式。当上市公司的大股东参与定向增发时，大股东直接以资产价值对价成相应的股份。上市公司从大股东那里购买的资产可能是经营性资产，也可能是权益类资产。

3. 利益输送

利益输送或者“掏空”（Tunneling）最早是由约翰逊等（Johnson et al.，2000）提出的一个概念，其原意指通过地下通道转移资产行为，即企业的控制者（通常为大股东）从企业转移资产和利润到自己手中的各种合法或非法的行为，这种行为通常是对中小股东利益的侵害。上市公司的控股股东为了个人私利将企业的资产和利润转移出去，构成了对小股东或外部人利益的侵占行为。比如非公平关联购销、无偿占用上市公司资金、高额现金分红、资产销售、债务担保、以对控制股东有利的形式转移定价、对公司投资机会的侵占、内部人交易、秘密的收购等行为。

我国法律对“利益输送”（Tunneling）并没有明确的界定，理论界对“利益输送”的认识也不尽相同，而且大多是从经济、金融领域对其进行研究。有的学者认为，“利益输送”通常指上市公司与公司股票的庄家配合或与其他上市公司配合，利用内幕消息或经营手段导致上市公司的股价波动，或经营业绩变化，从而使得庄家或其他公司盈利；有的学者认为，“利益输送”又称隧道挖掘，是指控股股东或大股东利用其拥有的绝对股权或控股地位，采取一些不合法的手段，转移上市公司资产或利润，甚至掏空上市公司的行为。

4. 现金股利

现金股利即现金分红。上市公司派发现金股利是以股东的持股份额为基础，以货币形式向股东分配的利润。现金股利对所有股东来说，是一种投资报酬，是一种正常的行为。现金股利表面看来是一种共享收益，具有合法化外衣，慷慨的现金股利政策使得不同的投资者都获得了投资报酬。但是，如果当上市公司派发现金股利政策在控股大股东的操纵下，以不符合上市公司所有股东利益的方式，在不恰当的时机派发高额的现金股利，则现金股利可能沦为大股东向自身输送利益的一种工具。

5. 资金占用

资金占用是指上市公司的大股东所控制的其他公司直接或者间接地占用上市公司的资金。直接占用是指大股东及其控制的其他公司在没有与上市公司发生交易的情况下，通过借款的方式直接挪用或者挤占上市公司的资金，体现在会计上，上市公司账上有大额的其他应收款。间接占用就是大股东及其控制的其他公司在与上市公司发生了交易后，拖欠账款不还就变成实际上的占用，表现在会计上，就是在上市公司的账上对大股东及其控制的其他公司的应收账款远远大于对大股东及其控制的其他公司的应付账款。直接占用称为“经营性资金占用”，间接占用称为“非经营性资金占用”。

6. 企业投资行为

一般而言，企业投资是指在某一给定的时期内，企业投入一定量的资金，用于增加或者维持资本存量的现金流量支出，以追求企业未来价值增值和预期报酬的经济行为。投资分为实物投资（real investment）和金融投资（financial investment）两类。实物投资是企业为了获得经营性长期资产所从事一切投资活动所发生的支出。它是投资于具有实物形态的资产，如将资金用于购建厂房、设备和存货等。金融投资则主要指间接投资，它是投资于货币价值形态表示的金融领域的资产，如通过股票、债券、期权、外汇及其他金融衍生品等等。本书的投资支出仅包括实物投资部门，它主要指企业为获得、建造和更新固定资产及取得无形资产和其他长期资产而发生的支出。

本书对企业投资的研究主要是投资效率问题。投资效率包括两种：投资过度和投资不足。投资过度是指将资金投向于净现值为负或零的项目的行为，投资不足则是指放弃净现值大于零的项目的行为。

第四节　研究的框架和内容

现有关于定向增发的研究主要基于信息不对称的逆选择理论、控股股东和中小股东之间代理理论以及管理层和股东之间代理理论，对定向增发的宣告效应、定向增发的发行折价、资产注入型的定向增发、盈余管理与定向增发，以及定向增发的长期绩效等问题进行了研究。在一定范围内，以上这些理论具有一定的说服力。但是对定向增发中存在的各种问题学术界还没有统一的解释。因此，研究上市公司定向增发与利益输送问题是公司治理领域的一个新课题。尤其是，对于定向增发中伴随的利益输送问题的系统研究还不完善，仍需要进一步深化。从现有的文献上看，从现金分红、资金占用、投资过度的角度来研究定向增发中利益输送问题的文献则较少。因此，基于转型时期的特定背景，本书在中国上市公司特有的股权结构背景下，以定向增发长期市场反应的理论、利益输送理论和大小股东代理冲突下大股东参与定向增发利益输送理论等作为展开分析的依据，在对中国上市公司定向增发中利益输送问题进行充分分析的基础上，综合运用规范研究与实证研究相结合、横截面数据的静态和时间序列数据的动态研究相结合、可比公司法以及双重差分的方法，从现金分红、资金占用和投资过度三个角度采用双重差分模型研究定向增发中伴随的利益输送问题，以及大股东参与定向增发对增发后现金分红、资金占用和投资过度的影响。

本书研究的逻辑框架如图 1 - 1 所示。

全书共分为七章，其主要研究内容安排如下：

第一章为绪论。本章主要是对本书的研究内容进行简要的介绍，具体内容包括：问题的提出、研究的意义、相关概念的界定、研究的框架、研究的主要内容以及论文的创新点。

第二章为文献综述。本章主要从以下逻辑结构对定向增发和利益输送已有的成果进行综述。首先是对大小股东代理问题的相关研究进行综述，分别从国外学者和国内学者关于大小股东代理问题的研究进行综述。其次是对利益输送的相关研究进行综述，分别从国外学者和国内学者对利益输送的相关研究进行综述。再次是对定向增发的相关研究进行综述，分别从国外学者和国内学者两个方面对定向增发的相关研究进行综述。再次是对定向增发与利益输送的相关研究进行综述，分别从国外学者和国内学者对定向增发与利益输送的相关研究进行综述。最后，通过以上对定向增发与利益输送的相关研究进行综述，为后文的理论分析和假设的提出打下基础。

第三章介绍了中国上市公司定向增发现状与理论分析。本章主要分析中国上市公司定向增发现状（中国定向增发股权再融资的政策演变、定向增发与其他

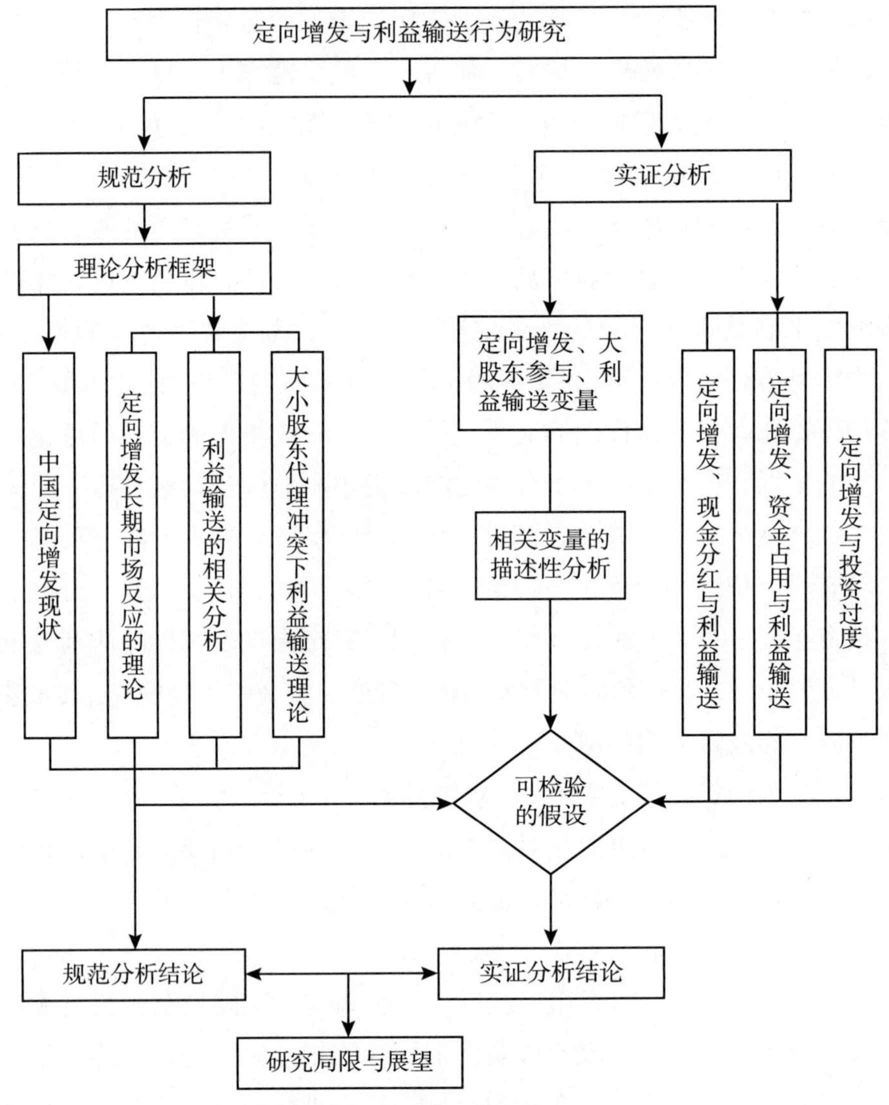

图 1-1　本书的研究框架

股权再融资方式的政策比较、定向增发股权再融资的目的和定向增发股权再融资发展的现状)，并运用定向增发长期市场反应的理论、利益输送理论和大小股东代理冲突下大股东参与定向增发利益输送的理论框架对定向增发中伴随的利益输送问题进行系统、深入的剖析。分析结果显示，一些上市公司在定向增发过程中存在通过低价向控股股东增发股份、长期停牌、控股股东向上市公司注入劣质资产或与主营业务关联度较低的资产、上市公司以较高价格收购控股股东资产换取定向增发股份、盈余管理等方式向控股股东进行利益输送。根据现有的分析，大股东进行利益输送有很多种方式，本书主要从现金股利、资金占用和投资过度三个角度研究定向增发后的利益输送问题，尤其是研究大股东参与定向增发对增发后现金股利、资金占用和投资过度的影响。

第四章为对定向增发、现金分红与利益输送的研究。本章基于2006年5月8日至2009年12月31日的沪深两市实施定向增发的公司样本数据，研究了中国上市公司定向增发与增发后的现金分红水平的关系问题。研究发现，相对于没有实施任何再融资方式的公司，实施了定向增发的公司倾向于在增发后派发更多的现金股利；相对于大股东未参与增发的公司，大股东参与定向增发的公司在增发后派发的现金股利更多。同时发现，在“定向增发当年”和“大股东参与定向增发当年”，上市公司派发的现金股利显著增加。这些研究结果表明，我国上市公司存在大股东利用定向增发后的现金分红向自身输送利益、侵害中小投资者权益的行为。

第五章为对定向增发、资金占用与利益输送的研究。本章基于2006年5月8日至2010年12月31日的沪深两市286家实施定向增发的公司样本数据，研究了大股东参与定向增发后公司资金占用的问题。研究结果发现，相对于大股东未参与定向增发的公司，大股东参与定向增发的公司在增发后资金占用更加严重。这表明，我国一些上市公司的大股东具有在定向增发后通过占用上市公司的资金、实施有利于自身利益的行为、攫取控制权私利的显著行为倾向。

第六章为对定向增发与投资过度的研究。本章基于2006年5月8日至2009年12月31日的沪深两市实施定向增发的公司样本数据，研究了中国上市公司定向增发后公司投资及投资效率的问题。研究结果发现，相对于没有实施任何再融资方式的公司，定向增发公司在增发后更容易发生投资过度；相对于没有实施任何再融资方式的公司，定向增发之后的投资过度更容易损害公司的业绩；相对于大股东未参与定向增发的公司，大股东参与定向增发的公司在增发后更容易发生投资过度。这些研究结果表明，我国上市公司的大股东具有在定向增发后通过实施有利于自身利益的投资以构建控制性资源，攫取控制权私利的显著行为倾向。

第七章为研究总结和政策建议。本章将总结全书的主要结论、政策建议、并指出了研究局限和未来值得进一步研究的方向和课题。

第五节　创　新　点

本书综合运用规范研究和实证研究相结合的方法，从现金分红、资金占用和投资过度三个视角探索性地研究我国上市公司定向增发中伴随的利益输送问题。本书在以下几个方面有所创新：

（1）以我国高度集中的股权结构为背景，从现金分红的视角研究了我国上市公司定向增发中伴随的利益输送问题。

在我国，由于上市公司股权结构高度集中以及资本市场投资者法律保护体系不健全，大股东与中小股东之间的代理问题非常严重。现有文献对于定向增发中的大小股东代理问题以及利益输送问题的相关研究主要集中于以下几个方面：①定向增发中利用高比例折价方式进行利益输送的问题。这些研究表明增发价格与增发对象身份及大股东持股比例密切相关。②控股股东在定向增发前通过时机选择和停牌操控来锁定较低的增发价格进行利益输送的问题。控股股东通过打压基准日前的股价，定向增发前的长期停牌，以较低的增发价格向自身或关联方增发，最终实现向控股股东输送利益。③从注入劣质资产、盈余管理等角度研究定向增发中的利益输送，发现我国部分上市公司存在利用注入劣质资产、盈余管理等方式进行利益输送的问题。④定向增发过程中大股东和中小股东之间的利益协同问题。

总体来看，国内现有对定向增发中利益输送行为的研究主要集中于定向增发过程中的高折价发行、长期停牌、注入劣质资产以及盈余管理等方式向定向增持方进行利益输送，但没有从定向增发后现金分红的视角考察定向增发中伴随的利益输送问题。鉴于此，在已有研究的基础上，本书结合我国高度集中的股权结构的特点，从大样本的研究角度，证实在我国资本市场上，存在定向增发后大股东具有通过现金分红向自身输送利益，从而侵害中小股东利益的现象。同时，本书研究证实定向增发再融资成为控股股东获得私利的一种新工具，定向增发股权再融资后，大股东会通过派发现金股利侵占中小股东的利益。这丰富了股权再融资中利益输送问题的研究。另外，本书运用双重差分法，研究上市公司定向增发前后现金分红的差异，从而更好地揭示我国上市公司定向增发后大股东通过现金分红向自身输送利益，侵害中小股东利益这一现象。这也是一种研究方法上的尝试。

（2）以我国特有的制度环境和大小股东代理冲突为背景，从资金占用的视角研究了我国上市公司定向增发中伴随的利益输送问题。

资金占用是我国上市公司大股东向自身输送利益的一种重要方式。大股东侵占上市公司的资金已成为我国资本市场上一种现象。本书以大股东资金占用作为定向增发后大股东侵占上市公司和中小股东利益的直接衡量指标，运用双重差分法，考察大股东参与定向增发和大股东未参与定向增发对上市公司资金变化的影响。研究结果发现，相对于大股东未参与定向增发的公司，大股东参与定向增发的公司在增发后资金占用更加严重。这表明，我国上市公司的大股东具有在定向增发后通过占用上市公司的资金，实施有利于自身利益的行为。

（3）以大股东和中小股东之间的利益冲突为理论基础，从投资过度的角度研究了我国上市公司定向增发中伴随的利益输送问题。

大股东和中小股东之间的利益冲突会使上市公司产生投资过度的行为。大股东凭借持有的股份直接主导企业投资决策和影响资本投资行为，为其侵占上市公司和中小股东利益提供了可能。大股东可以凭借控制权优势，使上市公司投资于一个净现值为负或零的项目，但有利于自身利益最大化。通常，上市公司进行定向增发融资是为了给新项目或扩大企业规模筹资，以获得大量资金支持。但定向增发后大股东持有股份不断增多，高度集中的股权使大股东有足够的动机和能力使上市公司发生投资过度的行为。

本书运用可比公司法和双重差分法，分析了定向增发是否会对公司投资行为及投资效率产生影响，以及大股东参与定向增发对投资效率的影响。研究结果表明：相对于没有实施任何再融资方式的公司，定向增发公司在增发后更容易发生投资过度；相对于没有实施任何再融资方式的公司，定向增发之后的投资过度更容易损害公司的业绩；相对于大股东未参与定向增发的公司，大股东参与定向增发的公司在增发后更容易发生投资过度。这些结论证实，我国部分上市公司的大股东具有在定向增发后通过实施有利于自身利益的投资以构建控制性资源，攫取控制权私利的行为倾向。

第二章
文献综述

关于定向增发与利益输送的研究成为近年来公司财务最活跃的研究领域之一，国内外学者的努力使得定向增发与利益输送的相关研究不断发展和完善。本章拟从以下逻辑结构对定向增发和利益输送已有的成果进行综述：首先是对大小股东代理问题的国内外相关研究进行综述；其次是对利益输送的国内外相关研究进行综述；再次是对定向增发的国内外相关研究进行综述，最后是对定向增发与利益输送的国内外相关研究进行综述。通过以上对定向增发与利益输送的相关研究进行综述，为后文的理论分析和假设的提出打下基础。

第一节　关于大小股东代理问题研究综述

一、国外学者的相关研究

自 20 世纪 90 年代后期，学术界开始关注所有者之间的利益冲突问题，对现代公司股权结构进行研究。研究表明：广泛持有股权仅存在于英、美两国，世界上大多数国家的股权都高度集中在控制性的大股东手中（La Porta，Lopez – de – Silanes and Shleifer，1999）。因此贝利和米恩斯（Berle and Means，1932）提出广泛持股现象只在少数投资者保护较好的经济体中存在。而法乔和郎（Faccio and Lang，2002）比较了 13 个西欧国家的股权结构情况。研究发现，除英国和爱尔兰外，世界上其他国家的股权都高度集中，其中由家族控制的企业占到 44. 29%。弗兰克斯和梅尔（Franks and Mayer，2001）发现，家族控制的企业在德国占到 20. 25%。克莱森、德扬克夫和郎（Claessens，Djankov and Lang，2000）对亚洲公司的股权结构进行调查研究，其成果表明，除日本的公司属于股权分散外，其余东亚国家的公司大部分都存在控股大股东。高度集中的股权结构容易导致所有者之间的利益冲突问题，即大股东可能侵占中小股东的利益以实现控制权私利的问题（Shleifer and Vishny，1997）。因为大股东一旦控制了上市公司，为了控制权私利，他们常常将上市公司的资源从中小股东手中转移到自己控制的公司中去（Pagano and Roell，1988）。约翰逊等（Johnson et al.，2000）用“掏空”一词来定义大股东获取私人利益的行为。随后，学者们从不同角度实证检验了“掏空”行为的存在性（Claessens et al.，2002；Bertrand，Mehta and Mullainathan，2002；Bae，Kang and Kim 2002）。而弗里德曼、约翰逊和米特（Friedman，Johnson and Mitton，2003）提出，控股股东对上市公司还存在着“支持”行为（Propping），即用自身的资源对上市公司进行支持以缓解公司出现的财务困境。

二、国内学者的相关研究

国内也有很多学者对所有者与经营者之间委托代理问题进行了详细的论述，而且多是与我国国有企业改革的实际相结合（王艳、孙培源和杨忠直，2005；刘怀珍和欧阳令南，2004；郝颖、刘星和伍良华，2007；辛清泉、林斌和王彦超，2007）。

已有研究表明，我国也存在股权相对集中或者高度集中的问题。我国存在典型的一股独大、股权集中的现象，因而大股东与中小股东之间的代理问题成为公司治理的焦点。白重恩（2005）等认为，大股东与中小股东之间的代理问题是一种更加严重的代理问题。因此，国内学者对大小股东之间的代理问题进行了大量的研究，并将其作为公司治理的研究重点。关于中国上市公司大小股东代理问题的系统研究，国内学者分别从现金股利（原红旗，2001；Lee and Xiao，2002；Chen，Jian and Wong，2003；陈信元，陈冬华和时旭，2003；肖珉，2005；吕长江和周县华，2005；邓建平，曾勇和何佳，2007；王化成，李春玲和卢闯，2007；许文彬和刘猛，2009；于静，陈工孟和孙彬，2010）、关联交易（李增泉，孙铮和王志伟，2005；余明桂和夏新平，2004）、盈余管理（余明桂、夏新平和邹振松，2006）和资金占用（李增泉、余谦和王晓坤，2004；高雷、王家棋和宋顺林，2005）等方式研究了大股东侵占中小股东利益的问题，从不同角度证明了中国上市公司存在严重的大股东侵害中小股东利益的代理问题。

第二节 利益输送研究综述

一、国外学者的相关研究

“Tunneling”是学者约翰逊（2000）提出的一个概念，通常译为“利益输送”“利益侵占”或“掏空”等。其原意指通过地下通道转移资产行为，也即企业的控制者（通常为大股东）从企业转移资产和利润到自己手中的各种合法或非法的行为，这种行为通常是对中小股东利益的侵害。格罗斯曼和哈特（Grossman and Hart，1988）研究表明，上市公司如果存在持股比例较高的股东时，就容易产生控制权私有收益，该收益被大股东独自享有。贝布丘克、克拉克曼和特里亚蒂斯（Bebchuk，Kraakman and Triantis，1999）通过模型推导得出，在企业集团内、公司之间，控股股东可以通过关联交易、资产转移等方式来掠夺中小股东的利益。拉波塔、洛佩兹德西兰和施莱弗（La Porta，Lopez－de－Silanes and Shleifer，1999）和克莱森、德扬科夫和朗（Claessens，Djankov and Lang，2000）指出，股权结构集中的企业会面临突出的利益冲突问题——控制性股东对小股东利益的侵占。伯特兰、梅塔和穆来纳森（Bertrand，Mehta and Mullainathan，2002）的研究发现，印度集团企业中的集团成员对行业业绩震荡的反应较单一企业不敏感，这种反应的敏感程度随着企业在集团中所处层级的不同而有所差异，他们认为这种震荡的差异是集团内发生利益输送的结果。

贝、康和金（Bae，Kang and Kim，2002）通过对 1981～1997 年间韩国集团公司并购活动的研究后发现，集团公司通过并购活动，将公司资源从并购发起方转移到了集团内部的其他公司中。企业集团内部进行并购，其股票价格通常会下降，从而使中小投资者受损，而由于企业集团交叉持股的普遍存在，并购使得集团中其他企业价值提升，控股股东便可在并购中获益。张（Chang，

2003）的研究也表明，在韩国，控股股东通过集团成员之间的内部交易转移利润以增加个人财富。张、劳和图拉伊提斯（Cheung，Rau and Stouraitis，2006）在对香港市场的研究中发现，无论是交易公布前后10天的短时间窗口还是交易公布后12个月的长时间窗口，都出现显著的负异常回报，而且不同交易的回报各不相同。他们推测，上市公司在关联交易发生前就压低了该公司的股票价格，因此当上市公司发布关联交易公告时，就不存在负的超额收益率。这说明购入资产、资产销售、权益销售等交易可能被控股股东作为利益输送的手段。杜尔涅夫和金姆（Durnev and Kim，2005）通过模型推导，证实公司投资机会也是影响大股东掏空行为的因素之一。阿塔纳索夫（Atanasov，2005）研究发现，在新兴市场国家，法律规定会影响利益输送的方式。贝克、康和李（Baek，Kang and Lee，2006）以韩国公司为例，证明了大股东还可能通过集团公司内部的定向增发，设定明显有利于大股东的发行价格，从而损害中小股东的利益。

然而，一些研究发现大股东并不总是侵占上市公司的利益，为了获取控制权的长期收益，也会向上市公司输送资源（Friedman，Johnson and Mitton，2003；Gonenc and Hermes，2007；Dow and McGuire，2009），这种反向的利益输送被称为“支持”行为。弗里德曼、约翰逊和米特（Friedman，Johnson and Mitton，2003）提出，控股股东对上市公司还存在着“支持”行为，即使用自身的资源对上市公司进行支持以缓解公司出现的财务困境。他们认为，大股东“掏空”和“支持”行为是“对称”的。在投资者缺乏法律保护的国家，大股东有把资源转移出上市公司的动机，也有向上市公司提供私人资源的动机，尤其是当公司处于适度财务困境的时候，此时大股东预期进行“支持”所带来的未来隐形收益将超过当前投入私人资源成本，才会暂时采取“支持”的方式进行资产注入，以便今后从公司获得更多的收益。

二、国内学者的相关研究

我国上市公司最为重要的特征是股权高度集中，中小股东难以对大股东行为进行有效监督，容易导致大股东侵占中小股东利益的问题。国内的许多研究表明，大股东侵害中小股东的现象普遍存在。大股东侵害中小股东利益的形式主要包括股权再融资后的现金分红、现金股利、资金占用、关联交易、盈余管理等。

1. 股权再融资后的现金分红与利益输送

与国外上市公司的融资特点不同，我国上市公司大股东具有强烈的股权再融资偏好。上市公司股权再融资俨然成为控股股东获得私利的重要工具，股权再融资后大股东常常通过各种手段侵占中小股东的利益。李康、杨兴君和杨雄（2003）认为，由于国有股的控股地位，大股东可以从股权融资中获利而偏好股权融资。刘力、王汀汀和王震（2003）认为，具有决策权的非流通股大股东有利用增发向自己谋利的动机，使得增发新股并不是建立在市场投资机会的基础上，而是与利益输送行为有关。李志文和宋衍蘅（2003）的研究结果表明，由于缺乏制约绝对控股股东行为的相应机制，其可能通过上市公司的配股行为获取控制权私有收益。吴江和阮彤（2004）研究发现，由于非流通股东可以通过股权再融资行为获取超额的融资回报，因此，股权分置格局所形成的利益输送机制是决定上市公司是否进行股权再融资行为的主要因素之一。张祥建和徐晋（2005）研究发现，上市公司偏好股权再融资行为，是因为上市公司的控股股东可以通过股权再融资后的利益输送手段获取控制权私有收益。控股股东凭借其控制权优势，选择有利于自身的利益输送行为，以侵占中小股东的利益。我国上市公司偏好股权再融资与公司的利益输送行为有关。于静、陈工孟和孙彬（2010）实证研究发现上市公司股权再融资后会派发较多的现金股利。赵玉芳等（2011）研究证实，定向增发股权再融资方式成为控股股东获得私利的一种新工具，定向增发股权再融资后大股东会通过派发现金股利侵占中小股东的利益。

2. 现金股利与利益输送

内部股东可以利用现金分红来侵占中小股东的利益。国内学者已证实，在我国现金分红被“异化”成大股东侵占中小股东的一种“利益输送”手段（原红旗，2001；Lee and Xiao，2002；Chen，Jian and Wong，2003；陈信元，陈冬华和时旭，2003；肖珉，2005；吕长江和周县华，2005；邓建平，曾勇和何佳，2007；王化成，李春玲和卢闯，2007；许文彬和刘猛，2009）。李和肖（Lee and Xiao，2002）研究认为我国上市公司现金股利与自由现金流量之间不相关，并提出了“利益输送”假说（Chen，Jian and Wong，2003）。他们认为，上市公司发放现金股利可能是大股东侵占小股东利益的手段。陈信元、陈冬华和时旭

（2003）研究发现现金股利是大股东转移资金的工具，我国上市公司通过现金股利的方式向控股股东输送利益。刘峰和何建刚（2004）研究了大股东持股比例与上市公司高派现行为之间的关系。研究发现，大股东持股比例越高，上市公司倾向于通过高额现金分红向大股东输送利益；当股权比较分散或大股东持股比例较低时，上市公司倾向于通过股权转让、担保等方式向大股东输送利益；而当股权集中度介于两者之间时，上市公司则倾向于通过非购销方式、挪占款项等方式向大股东输送利益。肖珉（2005）研究发现，上市公司派发现金分红与大股东套取上市公司的现金有关。唐清泉和罗党论（2006）研究发现，现金股利成为控股股东获取私利的一种重要工具，上市公司的控股股东通过派发现金股利转移上市公司的资金。邓建平、曾勇和何佳（2007）研究发现，我国上市公司现金股利无法形成约束大股东利益输送的有效机制，反而成为大股东获取私人利益的手段。赵玉芳等（2011）发现，我国上市公司的大股东具有在定向增发后选择现金分红方式进行利益输送的行为倾向。

3. 资金占用与利益输送

李增泉、孙铮和王志伟（2004）以2000～2003年上市公司的关联交易数据为样本，对所有权结构与控股股东的资金占用行为之间的关系进行研究。研究发现，大股东占用上市公司的资金程度与大股东持股比例之间存在先上升后下降的非线性关系，而与其他中小股东的持股比例存在严格的负相关关系。雷光勇和刘惠龙（2007）研究发现，大股东占用上市公司的资金规模越大，其公司用于财务经营的资源就越少，从而进行负向盈余管理的幅度越大；当上市公司的第一大股东为非经营性股东时，上市公司的非流通股比例越小，其大股东获取私有利益的动机也越少，其进行负向盈余管理的幅度就越大。赵玉芳、夏新平和刘小元（2012）以2006年5月8日～2010年12月31日的沪深两市286家实施定向增发的上市公司为研究样本，采用双重差分法，对大股东参与定向增发与增发后公司资金占用的行为之间的关系进行了研究。研究结果发现，相对于大股东未参与定向增发的公司而言，大股东参与定向增发的公司在增发后资金占用更加严重。同时还发现，“大股东参与定向增发之后的每年”，大股东参与定向增发后公司资金占用的增长率每一年都显著增加。研究结果表明，我国上市公司的大股东在定向增发后可能会通过占用上市公司的资金，实施有利于自身利益的行为。

4. 关联交易与利益输送

余明桂和夏新平（2004）研究发现，当上市公司被控股股东控制时，其关联交易显著高于没有被控股股东控制的公司。控股股东存在通过关联交易转移公司资源的行为，从而侵占了中小股东的利益。有些外国学者以1998～2000年香港上市公司的关联交易数据为样本，研究大股东侵占中小股东利益的行为。在实践中利益输送的主要表现为对外担保、关联交易、资金占用和利润转移等。近几年，大股东侵占上市公司资金的比例有所下降。

5. 盈余管理与利益输送

简和王（Jian and Wang，2003）基于盈余管理的视角研究中国上市公司利用关联交易进行利益输送的行为。研究发现，集团公司利用关联交易侵占上市公司的资金，以实现向控股股东输送利益的目的。王和简（Wong and Jian，2004）研究发现，我国上市公司存在通过关联交易以达到管理盈余的目的，上市公司为了达到发行股票所要求的资产收益率的目标和避免下市，上市公司的盈余会在效益好和差的公司之间进行转移；当上市公司拥有大量的自由现金流时，其大股东会利用关联交易把上市公司的资金转移到自己手中。刘俏和陆洲（2004）研究发现，中国上市公司的盈余管理与转移公司资源的利益输送行为有关。

第三节　定向增发研究综述

一、国外学者的相关研究

美国自20世纪90年代后，对定向增发（private equity placements）的相关研究也开始出现并不断成熟。随后，新西兰、瑞典、新加坡等地学者对定向增发的研究也逐渐展开。国外对定向增发的研究主要集中在三个方面：

一是研究定向增发中普遍存在的价格折扣问题。在成熟的美国资本市场上，定向增发的折扣率为 9% ~20% （Hertzel and Smith，1993；Wu，2004；Anderson，Rose and Cahan，2006）。弗鲁克（Wruck，1989）提出了监管假说。由于定向增发股票存在 2 ~3 年的限售期，定向增发投资者的未来收益与公司价值密切相关，因此定向增发投资者有强烈的动机去提高公司价值，会积极地监督公司的经营管理。定向增发发行折价是对流动性和认购的投资者可能提供的监督作用的补偿。赫兹尔和史密斯（Hertzel and Smith，1993）基于 1980 ~1987 年美国证券市场实施定向增发的公司为研究样本，研究定向增发股权再融资方式与信息不对称的关系。他们研究发现，美国进行定向增发的公司平均发行折价率是 20. 14% ，且发行折价与信息不对称程度存在较强的相关性。他们由此认为定向增发的发行折价是对认购投资者搜集公司价值信息的补偿。Wu（2004）通过对 1986 ~1997 年美国高科技行业的定向增发公司数据的研究，发现管理层参与定向增发认购时的发行折价大于管理层不参加认购时的折价，且发行前管理层持股比例越少，定向增大的发行折价明显越高。他认为管理层通过与认购的投资者直接协商确定定向增发的发行价格，从而通过定向增发过程中的大幅折价来掠夺现有股东的利益。克里希纳穆尔蒂等（Krishnamurthy et al. ，2005）把定向增发投资者分为关联投资者（如公司高管、董事、附属机构和关联方等）和非关联投资者。他们研究发现，关联投资者获得的发行折价率显著高于非关联投资者，发行折价率与投资者获取的信息成本存在正相关性。卡彭蒂埃、卢瑟和苏雷特（Carpentier，L'Her and Suret，2005）也发现加拿大市场上存在定向增发的价格折扣问题，而且价格折扣率更高。巴克莱、霍尔德内斯和希恩（Barclay，Holderness and Sheehan，2007）利用比弗鲁克（1989）、赫兹尔和史密斯（1983）更大的数据样本，把投资者分为积极投资者、消极投资者和管理层三种类型，他们认为管理层在股权再融资过程中，将股份出售给了消极投资者，从而达到不影响管理层自身利益的目的，定向增发的发行折扣是对消极投资者放弃监督公司管理权的补偿，这就是所谓的“管理层防御假设”。弗鲁克和吴（2009）通过美国上市公司进行定向增发的样本，研究发现定向增发公司的业务和发行对象的相关程度对发行折价存在显著的影响。当发行对象和发行公司的业务关系密切时，发行折价率较低；而当发行对象与发行公司的业务关系疏远时，发行折价率较高。他们认为，当发行对象与发行公司的业务关系疏远时，发行对象需要花费更多的成本去搜集发行公司的信息，从而会要求更高的发行折价进行补偿。

二是研究定向增发的公告效应，研究发现各国市场普遍存在定向增发正的公告效应（Wruck，1989；Hertzel and Smith，1993；Tan，Chng and Tong，2002）。弗鲁克（1989）发现在NYSE和AMEX进行定向增发的99家公司，其公告期存在4.5%左右的超额收益。他认为上市公司通过定向增发股权再融资方式引进少数外部大额投资者，从而提高了公司的股权集中度。这些认购投资者的财富与公司价值密切相关，因此他们具有更强烈的动机，且具有更强的能力来提出建议和监督公司管理层，通过监督给公司带来利益，从而提升公司价值。因此，上市公司通过定向增发股权再融资方式向市场传递了公司未来价值增值的正向信息，市场对发行的股票做出了积极响应，最终导致发行后正的公告效应。赫兹尔和史密斯（1993）发现，在1980～1987年间，106家公司在NASDAQ市场进行定向增发的公告期的超额收益为1.72%。他们认为，上市公司选择定向增发的股权再融资方式，而专业投资者又积极认购定向增发股票，这表明定向增发公司的价值被低估，市场从而对发行的股票做出了积极响应，导致定向增发后正向公告效应。公司的价值被低估的程度越高，正向公告效应越大。谭、钟和佟（Tan，Chung and Tong，2002）基于1987～1996年的新加坡证券市场经验数据进行实证研究，发现进行定向增发公司股票的超额收益率与发行价格显著正相关。发行价格实质传递了公司价值增值的正向信息，发行溢价与发行规模显著正相关，这说明公司定向增发价格是公司质量好坏的信号，发行溢价的幅度越大，表明公司质量越好。

其他学者研究发现，在加拿大、挪威、日本、中国香港等股票市场进行定向增发的公司，其公告效应也显著为正（Maynes and Pandes，2008；Eckbo and Norli，2005；Kato and Schallheim，1993；Wu，Wang and Yao，2005）。

三是研究定向增发公司的股价长期绩效表现，很多研究发现进行定向增发的公司在发行后3至5年的股票收益率显著低于基准组合，很多定向增发公司的长期股价存在负的超额收益率（Hertzel et al.，2002；Krishnamurthy et al.，2005；Marciukaityte、Szewczyk and Varma，2005；Chou，Gombola and Liu，2006；Beak，Kang and Lee，2006；Barclay，Holderness and Sheehan，2007；Chen et al.，2010）。赫兹尔等（Hertzel et al.，2002）研究发现定向增发后三年期经可比公

司调整的收益率为 -23.78%。他们认为参与定向增发的投资者和管理层过度乐观，高估了发行公司的投资机会和投资项目发展的前景，最终导致发行后长期收益下降。陈等（Chen et al.，2002）的研究主要探讨在机构投资者特征、监管规则等都与美国不同的新加坡资本市场的定向增发市场表现，通过统计 1988 ~ 1993 年进行定向增发的 47 家上市公司公告后的回报率，结论认为该国上市公司的定向增发最终都经历了长期绩效不佳的状况。长期绩效不佳的状况对规模较小公司和低市账比的公司情况尤为严重。马西乌凯蒂特、斯泽西克和瓦尔马（Marciukaityte，Szewczyk and Varma，2005）从心理学普遍存在过分看重当前经验的心理特征的角度进行研究，发现投资者对存在高度不确定性投资项目有过度乐观的预期，从而导致定向增发公司的股价表现欠佳。克里希纳穆尔蒂等（Krishnamurthy et al.，2005）的相应结果为 -38.39%。而且长期来看，定向增发投资者获得正的收益，公司原有股东获得负的收益，定向增发投资者发行后 12 个月的收益比原公司股东高出大约 50%，在发行后 24 个月则高出 30%（Chapinsky and Haushalter，2010）。周、贡博洛和刘（Chou，Gombola and Liu，2006）从公司成长机会的角度研究定向增发公司的长期绩效。研究发现，成长机会越高的定向增发公司，其长期回报率较低，而且长期经营业绩也较差。为了进一步研究成长机会和公司长期回报率以及经营业绩的关系，他们分别从管理层过度投资、投资者偏好和投资者对盈余预期过度乐观的角度进行研究，实证研究结果发现，高成长机会与长期低回报正相关的原因在于投资者对高成长机会公司的盈利预期过度乐观。贝克、康和李（Beak，Kang and Lee，2006）运用韩国实施定向增发的数据作为研究样本，研究发现韩国定向增发后公司［-10，480］的长期累积超额收益率为 -42.3%，这说明在定向增发过程中，韩国上市公司的大股东存在利用其控制权进行利益输送的行为，这种行为损害了上市公司及中小股东的利益，从而导致上市公司的长期累积超额收益率为负，且长期业绩下降。巴克莱、霍尔德内斯和希恩（Barclay，Holderness and Sheehan，2007）认为定向增发是一种利空消息，美国证券市场定向增发的短期超额回报率为正，但是定向增发的长期回报率有明显的下降趋势。当发行对象是消极投资者时，定向增发公告期异常收益几乎为零，而且长期股票收益为负。这类消极投资者不会通过在董事会任职或者在公司的其他管理部门任职将自己置于监督管理层的位置。虽然定向增发后上市公司的经营业绩很差，但是这类消极投资者并没有积极参与公司的事务，管理层与新增的大股东之间很少有冲突。陈等（Chen et al.，2010）运用美国 1997～2003 年实施定向增发公司的样本进行实证研究，研究发现定向增发前公司使用盈余管理的反转导致定向增发后公司股价长期下跌和长期经营业绩下降。定向增发前进行激进盈余管理的上市公司，其发行后长期回报率显著低于定向增发前进行保守盈余管理的公司。

针对上述三个方面的研究，各国学者根据不同的理论框架提出了不同的理论假说，其中最有影响力的有确认假设、监管假设、管理层防御假设、流动性假设和管理层择机假设。

1. 确认假设

梅叶斯和梅吉拉夫（Myers and Majluf，1984）根据信息不对称理论，提出了上市公司股权融资的逆选择问题。投资者认为管理层只有在公司股票价格被高估的情况下才会发行股票融资，而通过公开发行股票会向市场传递发行公司的负面信息，导致该公司股票价格下跌。为了避免公开发行股票对发行公司股价带来负面的影响，上市公司会主动放弃能获利的投资项目，从而导致投资不足。但由于管理层可以无成本地向市场传递公司的私有信息，因此公司可以解决上述投资不足的问题。而定向增发股权融资则为管理层提供了一个以较低成本向特定投资者传递公司私有信息的渠道。因此，上市公司会选择定向增发方式进行股权融资。基于梅叶斯和梅吉拉夫（1984）的模型，赫兹尔和史密斯（1993）以 1980～1987 年美国上市公司实施定向增发的样本进行了研究，并提出了确认假设。他们认为，当存在较高的信息不对称程度时，通过公开发行股票，发行公司必须向市场公布现有的投资项目、盈利状况、经营业绩等各种信息。在信息成本较高的情况下，可能导致把发行公司的商业机密泄露给竞争对手。定向增发的发行对象主要是与发行公司有关系往来的投资者（或原有股东等）、风险投资者、投资银行等专业投资机构，因而定向增发有效地解决了公开发行过程中信息成本较高的问题。因此，大部分上市公司会偏好定向增发股权再融资方式。此外，由于定向增发的股份有一定的限售期，投资者会要求发行公司给予一定的折扣。限售期越长，投资者越有动力去收集发行公司的内部消息以便评估发行公司的价值。因此，投资者与发行公司之间的信息不对称程度越高，投资者收集信息所花费的成本也越大，从而要求发行公司给予的折扣也越高。

作为确认理论的间接证据，定向增发股权再融资方式与信息不对称相关。

在美国证券市场上，定向增发的发行折扣率为9%到20%（Hertzel and Smith，1993；Wu，2004；Anderson，Rose and Cahan，2006），信息不对称程度越高，投资者获得的发行折扣越大。卡彭蒂埃、卢瑟和苏雷特（Carpentier，L'Her and Suret，2005）同样发现，在加拿大证券市场上，上市公司采用定向增发股权再融资的发行折扣率更高。李和吴（Lee and Wu，2008）用异常内部交易来衡量非公开信息，通过建立两步模型来检验融资方式所包含的信息。他们研究发现，定向增发发生的概率随异常内部购买的增加而提高，随异常内部销售的增加而降低，这表明实施定向增发的公司价值被低估了，为确认假设提供了间接证据。

作为确认理论的直接证据，克里希纳穆尔蒂等（2005）把定向增发投资者分为关联投资者（如公司高管、董事、附属机构和关联方等）和非关联投资者。假定关联投资者获取公司信息的成本较低，这样他们拥有更多公司未来现金流和公司价值的信息。关联投资者认购股票可以视为对公司价值的确认，因此，他们获得的价格折扣率较低。而非关联投资由于获取公司信息的成本较高，这样他们获得的价格折扣率更高。实证结果表明，向关联投资者定向增发的折扣率为13.15%，而向非关联投资者定向增发的折扣率为21.33%，定向增发折扣率的高低与获取信息成本的大小有关。

很多学者对定向增发公告效应的研究给信息不对称理论提供了有力的实证支持，他们的实证研究表明关于未来成长性或投资机会相关的信息不对称会导致定向增发的正向公告效应。谭、钟和佟（2002）基于1987~1996年的新加坡证券市场经验数据进行实证研究，发现进行定向增发公司股票的超额收益率与发行价格存在显著的正相关关系。发行溢价与发行规模显著正相关，这说明定向增发的认购者看好公司未来的发展机会，发行价格实质传递了公司价值的信息。当定向增发公司进行溢价发行后，发行公司的长期收益显著上升；而当定向增发公司进行折价发行后，发行公司的股价表现出负向的公告效应，且长期收益显著下滑。这些研究结果说明定向增发的发行价格对公司未来的价值具有重大影响。吴（2004）通过对1986~1997年美国高科技行业的定向增发公司数据进行研究，他们研究发现选择定向增发公司的信息不对称程度显著高于选择公开增发公司。吴、王和姚（Wu，Wang and Yao，2005）研究发现定向增发的正向公告效应与企业成长机会的不确定性存在显著的正相关关系。小公司由于其信息不对称程度更多来自成长机会的信息而不是现有资产的信息，因而在定向增发公告期间的超额收益率更高。安德森、罗斯和卡汉（Anderson，Rose and Cahan，2006）以1990～2002年新西兰70家私募样本为研究样本，研究信息不对称理论对新西兰定向增发公司的影响。他们研究发现定向增发后的异常收益率与发行价格存在显著正相关，发行价格传递了公司质量和价值的重要信息。在新西兰，私募投资者可以享受大幅折扣认购定向增发的股份，并立即可以在证券市场上出售。同时，市场5天内都不会立即披露其交易信息。私募认购在公告发布后5天内异常收益率大幅上升。折价认购股票即时获得的回报是对认购者投入信息成本的补偿。

2. 监管假设

基于管理层和股东之间的代理问题，弗鲁克（1989）提出了“监管假设”，认为上市公司通过定向增发股权再融资方式可以引入一个有动机且有能力监控公司管理层的积极投资者，从而可以降低代理成本，提升公司价值。弗鲁克（1989）基于1979～1985年的美国证券市场经验数据进行实证研究，探讨美国资本市场中定向增发公司的股权集中度与公司价值的关系。他研究发现定向增发的市场反应显著为正，定向增发导致股东财富和公司价值的增加。他也对发行价格折扣问题进行了研究，发现定向增发的价格折扣实际上是增量股权的监督成本，定向增发后二级市场的正的超额回报率表明公司绩效在投资者监督后得到了改善，即所谓的“监督效应”。

赫兹尔、林克和温托克（Herzel，Linck and Wintoki，2006）对定向增发后机构投资者持股比例增加及减少的公司进行了对比研究。他们发现，机构投资者持股比例增加的公司，其长期股价表现和业绩表现都明显好于那些机构投资者持股比例减少的公司。这进一步验证了监督假说，即机构投资者能充分利用自身信息和分析优势对定向增发公司进行有效的监督。弗鲁克和吴（2009）研究了定向增发中投资者与发行公司的关联关系对公司治理及业绩的影响，为监管假设提供了新的证据。他们研究发现，当定向增发公告时，和没有新建关联关系的定向增发公司相比，新建关联关系的公司具有更高的公告期正向超额收益率，发行后的盈利能力和长期股价水平也更高，这表明新建的监管和治理关系能够提高公司业绩。相对于发行前与公司无关联关系的认购投资者，发行前与公司有关联关系的认购投资者更可能获得公司的治理权，从而能影响公司的后续经营管理。同时，新建关联关系投资者获得更高的定向增发发行折扣，这与发行折扣是对投资者参与公司治理的补偿假设一致。

但是，监管假说也在一定程度上受到了挑战。赫兹尔和史密斯（1993）发现，机构投资者的股权在定向增发后下降了。由于机构投资者应该比普通投资者拥有更强的动机去监控管理层，该结果并不支持监管假设是公司进行定向增发的主要目的。吴（2004）基于1986～1997年美国高科技行业的定向增发公司的数据进行实证研究，发现上市公司选择定向增发股权再融资方式并不是为了引进监管能力更强的投资者。

3. *管理层防御假设*

丹恩和迪安格罗（Dann and DeAngelo，1988）和弗鲁克（1989）是最早注意到管理层防御假说的学者，但他们都没有指明到底有多大程度的定向增发是以管理层防御为动机的。丹恩和迪安格罗（1988）认为管理层会采用防御性手段来避免公司被接管，而定向增发就是这样的手段之一。弗鲁克（1989）的文章也支持管理层防御假设。他的研究表明，当所有权集中度处于较低或较高时，定向增发的超额收益率与所有权变化程度正相关，当所有权集中度处于中间水平时，定向增发的超额收益率为负，但这篇文章主要的结论是认为定向增发导致所有权集中度的变化，从而影响公司价值，这与作者论证的短期公告的正效应有显而易见的联系。巴克莱、霍尔德内斯和希恩（Barclay，Holderness and Sheehan，2007）利用比弗鲁克（1989）与赫兹尔和史密斯（1983）更大的数据样本，把投资者分为积极投资者、消极投资者和管理层三种类型，在原有研究的基础上，加入发行后投资认购者参与企业事务的变量。他们经实证研究发现，定向增发发行折扣和发行后股价的变化受到投资者类型的影响：积极投资者获得的发行折扣显著高于消极投资者。当发行对象是积极投资者时，定向增发公告期市场股价反应和长期收益都较好。当发行对象是消极投资者时，定向增发公告期市场股价反应和长期收益都较差。这类消极投资者不会通过在董事会任职或者在公司的其他管理部门任职将自己处于监督管理层的位置。虽然定向增发后上市公司的经营业绩很差，但是这类消极投资者也没有积极参与公司的事务，管理层与新增的大股东之间的冲突很少。因此，他们认为管理层在股权再融资过程中，将股份出售给了消极投资者，从而达到不影响管理层利益的目的，定向增发的发行折扣是对消极投资者放弃监督的补偿，这就是所谓的“管理层防御假设”。阿瑞娜和斯蒂芬（Arena and Ferris，2007）为管理层防御假设提供了直接证据。他们通过研究1995~2000年间美国公司在任命定向增发投资者为董事时是否经股东批准，考察管理层防御对定向增发公司的影响。他们的研究结果表明，当公司的管理层防御程度越高时，公司不经过股东批准直接任命董事成员的可能性越大，新增董事成员大部分是管理层挑选的支持其决策的消极投资者，他们并不会对公司进行有效的监管。相对于不经过股东批准直接任命董事的公司，经过股东批准任命董事成员的公司发行后市场的短期股票反应更为积极，长期业绩更好。管理者越过股东任命董事成员是为了保持对其防御，从而为管理层防御假设提供了直接证据。

4. *流动性假设*

西尔伯（Silber，1991）对美国上市公司的私募发行数据进行统计研究，发现锁定期为2年的私募未注册股份有高达34%的折扣。她从流动性角度对私募发行折扣进行解释，认为投资者购买私募发行公司的股票往往在一定时期内不能出售，给予认购者的折扣是对其认购的股票不能立即上市流动的补偿。梅恩思和潘德斯（Maynes and Pandes，2008）研究了加拿大进行定向增发的上市公司折扣与锁定期之间的关系。在加拿大存在两种不同的私募发行方式：一般私募发行和授权私募发行。授权私募发行不存在锁定期，增发公告后立刻可以交易，而一般私募发行要是在2001年11月之前进行的存在12个月的锁定期，要是在2001年之后进行的锁定期缩短为4个月。研究发现授权私募发行的折扣明显小于一般私募发行的折扣，2001年之前的一般私募发行折扣明显大于2001年11月之后的一般私募发行折扣。这说明流动性是私募发行折扣的重要因素之一。

5. *管理层择机假设*

谭、钟和佟（2002）为了揭示季节性融资对股东财富的影响以及验证几种国外的理论，他们对美国市场和新加坡市场1987~1996年季节性融资的公告效应进行了对比研究。他们发现，美国采取公开发行的季节性融资大部分存在负的公告日异常收益率，而采取定向增发的季节性融资都存在正的公告日超额收益率（Wruck，1989；Hertzel and Smith，1993）。赫森、马拉泰斯塔和帕里诺（Huson，Malatesta and Parrino，2009）以1995年1月至2004年11月美国市场2 341个进行定向增发交易的数据为样本，研究资本市场条件对定向增发发行价格的影响。他们发现，当股市环境好时，进行定向增发的公司更多。发行公司与投资者的议价能力影响定向增发的价格，而议价能力又受到资本市场条件的影响。同时，资本市场条件也会影响定向增发的发行折价、原有股东的收益和股权价值。当资本市场（信贷市场和IPO市场）比较紧张的时候，投资者的议价能力相对较强，而发行公司的议价能力比较低，定向增发发行折价比较大。

二、国内学者的相关研究

和国外定向增发普遍存在发行折价和公告效应类似，我国的定向增发也存在发行折价和公告效应问题。同时，还存在一些定向增发问题。

1. 定向增发存在正的公告效应

章卫东（2007）以2005～2007年定向增发预案的231家上市公司为样本，研究发现样本公司在预案公告日［－5，5］窗口的累积超额收益率均值为7.199%。他认为上市公司公告定向增发和公告定向增发实现集团公司整体上市都有正的财富效应，上市公司为了实现集团公司整体上市，向其控股股东或关联方定向增发，它的公告效应要好于其他类型定向增发的公告效应。章卫东（2008）运用信息不对称理论解释了定向增发发行对象对公告效应的影响，经研究发现，控股股东及关联股东定向增发的公告效应要好于向其他投资者的定向增发；控股股东及关联股东认购的数量越多，公告效应越强。彭韶兵和赵根（2009）研究了股权集中度和流动性对定向增发公告效应的影响。研究表明，定向增发的短期正的公告效应与公司股权集中度负相关；定向增发所具有的短期正的公告效应与流动性需求正相关。曹立竑和夏新平（2009）以2006年5月至2008年5月期间进行定向增发的公司为研究样本，经实证研究发现中国上市公司进行定向增发存在显著的正向公告效应，而且定向增发公告日当天，公告效应最为显著。徐寿福（2010）经研究发现中国上市公司进行定向增发存在显著为正的公告效应，且在定向增发预案公告日前7天左右的时间内，其平均超常收益率约为7.6%。

2. 定向增发发行折价与信息不对称

章卫东和李德忠（2008）从信息不对称角度分析了发行对象对上市公司定向增发发行价格折扣的影响。他们研究发现，我们上市公司定向增发的折扣率高低与发行对象的身份有关，向控股股东及关联投资者的折扣率要低于向非关联投资者的折扣。这说明定向增发公司存在信息不对称现象，当定向增发的公司有好的项目、未来增长可以预期或公司的股价被低估时，控股股东及关联股东愿意以更高的价格参与认购定向增发的股份；当发行公司没有好的项目、未来现金流存在不确定性及股价被高估时，发行公司为了使定向增发能顺利进行，会以更低的价格发行。何贤杰和朱红军（2009）研究表明，当信息不对称的程度越高时，定向增发的发行价格折扣也越高。

3. 大股东机会主义对定向增发的发行价格折扣的影响

陈政（2008）结合我国上市公司股权集中的制度背景，考察发行折价与大股东利益动机的关系。他使用大股东认购定向增发的比例、大股东发行前的持股比例分别衡量大股东财富转移动机和大小股东之间的利益协同。研究发现，大股东财富转移动机越强，上市公司发行折价越大，表现出防御效应和大小股东的利益冲突；大小股东之间的利益协同程度越高，发行折价越低。彭韶兵和赵根（2009）研究了上市公司定向增发定价偏好及其对中小股东利益的影响，发现上市公司定向增发普遍具有低价发行的偏好，并且这一偏好在增发对象中有大股东存在时更为严重。通过低价发行，大股东获得了更多的控制权利益，这在企业集团整体上市中尤为明显。基于利益输送观点，何贤杰和朱红军（2009）发现大股东机会主义行为是定向增发折价的重要原因。他们经研究发现，当大股东购买定向增发股票的比例与其增发前持有的上市公司股权比例差额越大时，增发的折价越高。这表明大股东通过定向增发实现了以较低的对价稀释中小股东权益的目的，从而在一定程度上侵害了后者的利益。张鸣和郭思永（2009）以2005~2007年实施定向增发的上市公司为数据样本，研究大股东控制下的上市公司定向增发发行折价及其公司价值影响。实证结果发现，影响上市公司进行定向增发的主要因素是大股东机会主义行为，上市公司定向增发的发行折价水平和大股东认购股份的比例决定了大股东转移上市公司财富的多寡。但是，俞静和徐斌（2010）经研究发现定向增发低价发行不是源于一级市场抑价，而是源于二级市场溢价，投资者情绪是二级市场溢价的主要影响因素，否决了定向增发中的大股东机会主义行为，而定向增发中锁定期的存在是抑制大股东机会主义行为的保护屏障。徐斌和俞静（2010）研究发现由于定向增发股票锁定期的存在，增加了锁定对象的持股风险，从而迫使他们按股票的内在价值进行投资，在客观上抑制了大股东的机会主义行为，因此定向增发折扣与大股东的机会主义行为无关。徐寿福和徐龙炳（2011）研究了大股东机会主义与定向增发折价的关系，通过系统研究定向增发定价过程，发现上市公司存在向大股东进行低价增发的事实。

大股东在基准价格确定以后，可能存在利用调整发行价与基准价之比实现侵害上市公司和其他股东利益的目的，而询价机制可以在一定程度上遏制该行为。

4. 发行对象对定向增发价格折扣的影响

郑琦（2008）以 2006 年 6 月 ~ 2007 年 10 月实施定向增发的上市公司为样本，研究定向增发发行对象和发行价格之间的关系。实证结果发现，向大股东定向增发的发行相对价格最低，而向机构投资者定向增发的发行相对价格最高，同时向大股东和机构投资者定向增发的发行相对价格居于中间。这表明，当完全向大股东定向增发时，上市公司可能存在操纵发行价格以便于向大股东输送利益的行为。汪宜霞、夏思慧和王玉东（2009）将定向增发发行对象划分为关联投资者和非关联投资者。他们研究发现，有关联投资者参与的定向增发，其发行折扣显著高于仅有非关联投资者参与的定向增发，说明定向增发价格折扣是上市公司向关联投资者进行利益输送的一种潜在方式。但是，俞静和徐斌（2009）研究发现，发行对象对我国定向增发折价没有显著影响。他们运用 2006 ~ 2008 年完成定向增发的公司为样本，发现股东身份对定向增发折扣的影响并不显著。他们认为大股东和机构投资者获得的发行价格折扣没有差异，是流动性限制和信息不对称这两种因素相互权衡的结果。

5. 市场行情对定向增发价格折扣的影响

俞静和徐斌（2009）研究发现，市场行情对定向增发价格折扣有显著的影响，在市场行情好时，定向增发价格折扣较高，在市场行情不好时，折扣较低。这说明二级市场的错误定价是影响定向增发折扣的主要因素。俞静和徐斌（2010）以 2006 ~ 2008 年成功进行定向增发的上市公司为样本，研究发现不同市场态势下定向增发折扣与市场公告效应相关关系存在差异。在牛市行情下定向增发公告效应与定向增发折扣正相关，而在熊市行情下定向增发公告效应与定向增发折扣呈负相关。徐斌和俞静（2010）研究发现投资者情绪是影响定向增发折扣的一个重要因素，牛市行情下的定向增发折扣要显著高于熊市行情下的定向增发折扣，2006 ~ 2007 年的牛市行情所引起的投资者非理性的乐观情绪是定向增发折扣的主要根源之一。

6. 定向增发发行折扣与公告效应之间的关系

郑琦（2009）研究了定向增发发行折扣与发行公告后股价表现的关系。他们研究发现，投资者对定向增发公告存在正的且过度的反应，但过度反应主要集中在高折价公司。发行后，短期内高折价公司累积超额收益率显著小于低价公司。章卫东和李德忠（2008）研究发现，发行折扣率越低，投资者获得的累积超额收益率越高。

7. 定向增发公司的股价长期绩效表现

中国上市公司进行定向增发后的股票长期表现存在不一致的结论。章卫东和李海川（2010）以2006年1月1日至2007年12月31日期间中国上市公司成功实施定向增发资产注入的公司为研究样本，经实证研究发现当大股东注入的资产与实施定向增发公司的业务相关时，投资者获得显著为正的长期超额收益率；当大股东注入劣质资产与实施定向增发公司的业务不相关时，投资者获得显著为负的长期超额收益率。徐寿福（2010）以2006年1月1日至2008年9月30日期间沪深两市宣告实施定向增发预案的上市公司为研究样本，实证研究发现中国上市公司进行定向增发后存在显著为正的超额收益率。邓路、王化成和李思飞（2011）采用配比公司法，研究中国上市公司实施定向增发前后5年的经营业绩，发现相对于配比公司，中国上市公司进行定向增发后5年的经营业绩都显著好一些，其中尤其是两年内股价表现出强势特征。邹斌等（2011）以中国上市公司进行公开增发新股和定向增发新股为研究样本，研究发现上市公司进行公开增发后在1～3年内股东均获得负的长期超额收益率，而进行定向增发的上市公司两年后均获得正的长期超额收益率，这表明上市公司宣告定向增发后股东获得正的财富效应。

第四节　定向增发与利益输送相关研究综述

一、国外学者的相关研究

自20世纪90年代以后，定向增发已逐步取代配股和公开增发，成为欧美证券市场中主要的再融资方式。因此，国外针对定向增发的研究也开始不断增多，其中关于定向增发与利益输送的研究主要有定向增发发行价格折价、定向增发后公告效应、定向增发后公司业绩表现、定向增发发行对象与投资者利益影响等。

弗鲁克（Wruck，1989）发现，定向增发后存在正的公告效应，这与公开增发的市场反应正好相反。他认为由于向原公司的大股东定向增发使得公司的股权进一步集中，这容易造成公司财富的转移，从而侵害中小股东的权益。当股权高度集中时，控股股东会考虑发行方式对其控制权的影响。巴克莱、霍尔德内斯和希恩（2001）以美国1978～1997年的大宗交易和定向增发的公司为样本，研究二者的发行价格问题。实证研究结果发现，相对于市价，大宗交易中发行价存在11%的溢价，而定向增发中发行价存在19%的折价。他们认为由于大宗交易认购方可以从所控制的公司享有私有收益，大宗交易存在股权转让溢价，而定向增发的认购方主要是协助原股东巩固其控制权，因此上市公司给予认购方折价补偿。克朗奎斯特和尼尔森（Cronqvist and Nilsson，2005）比较了家族控制权、道德风险和逆选择对选择定向增发还是配股进行筹资的影响，发现家族控制权可以影响上市公司发行方式的选择，为了防止控制权被稀释，家族控制企业倾向于定向增发或向新投资者发行投票权较低的股票。而贝克、康和李（Beak，Kang and Lee，2006）研究韩国企业集团通过定向增发向自身输送利益的问题，其实证研究结果发现，韩国企业集团的控股股东的确存在利用定向增发向自身输送利益的行为。因此，定向增发是股权集中的上市公司维持控制权以进行利益输送的一种方式。

二、国内学者的相关研究

我国的证券市场是伴随着国有企业改制发展起来的，上市公司的股权普遍集中，出现了控股大股东和中小股东并存的格局。同时，我国资本市场相关投资者法律保护不健全，行业自律性较差，在一定程度上导致控股大股东与小股东之间的代理问题更加严重。国内学者对于定向增发中的控股股东代理问题以及利益输送问题也进行了相关研究，体现为：

1. 资产注入型的定向增发

黄建欢和尹筑嘉（2007）研究了通过定向增发注入资产过程中的股东利益均衡问题。他们的理论模型表明，股东利益均衡能否实现与注入资产能否给上市公司带来新创价值有关。他们研究发现，通过资产注入，短期内样本公司的大股东均获得了远远超过同期股票指数涨幅的超额收益率，证明大股东普遍获得了高增值收益。资产注入后上市公司的现金流量指标反而下降，注入样本公司的资产是否为优质资产有待于长期角度的检验。在定向增发的资产注入过程中，发行价普遍低于每股内在价值，大股东很可能侵占了小股东的利益。王蕾蕾（2010）以2005～2008年股权分置改革之后A股市场74家大股东资产注入的公司作为研究样本，对大股东资产注入行为进行研究。她研究发现，大股东注入的资产短期内对上市公司的每股收益有促进作用，但长期内作用消失；增值率低于0.4的资产对公司业绩有负面影响。这说明大股东注入的资产盈利能力低于原上市公司资产的盈利能力，这对中小股东的利益造成了侵害，从而影响了上市公司的业绩。章卫东和李海川（2010）研究了注入资产的类型对定向增发的公告效应和长期业绩的影响，发现资产注入型定向增发实际是上市公司与控股股东之间的关联交易，是在控股股东的操纵下进行的。控股股东注入的资产可能是优质资产，也可能是劣质资产，但在定向增发公告时，投资者很难对注入资产的质量进行区分，因此在短期内会不加区分地追捧定向增发公司。但长期来看，注入劣质资产终将导致上市公司经营业绩下降，而注入优质资产则将有利于提高其经营业绩。以注入资产与上市公司主营业务相关程度来衡量资产质量，他们发现，注入资产的质量对定向增发的公告效应没有显著影响，但会影响投资者的长期持有收益。注入相关性资产时，投资者获得的长期持有超额收益率显著高于注入不相关资产的定向增发。该结论在一定程度上证明了控股股东向上市公司注入劣质资产进行利益输送的问题。

2. 盈余管理与定向增发

郑琦（2009）研究发现，当向大股东发行股份时，上市公司在发行前没有对利润进行操纵，但发行之后却存在严重的盈余管理现象；当向机构投资者发行股份时，上市公司在发行前后都进行了盈余管理，发行后盈余管理的程度有所降低。章卫东（2010）从盈余管理的角度研究了定向增发中的利益输送问题。研究发现，上市公司在定向增发前一年存在盈余管理现象。当通过定向增发向控股股东及其子公司收购资产时，上市公司进行负的盈余管理来打压股价，使控股股东以较低的发行价格换取更多的股份。当定向增发面向机构募集资金时，上市公司进行正的盈余管理提升股价，以较高的发行价格获得更多的资金。此外，盈余管理程度与发行前第一大股东持股比例正相关。盈余管理程度越高，发行后的股价表现越差。这说明在定向增发过程中，大股东确实会通过盈余管理向自身进行利益输送。

3. 定向增发的“支持”观点

王浩和刘碧波（2011）将对定向增发的研究扩展到了多期，将“支持”和“掏空”两个因素在时间上加以区分，认为参加定向增发的大股东考虑到自身总体收益，为了未来获得更大的股权收益将进行更大的利益输送，会向上市公司提供“支持”。他们以2006年1月至2008年12月实施定向增发的上市公司为研究样本，研究发现定向增发后公司［-20，20］的累积超额收益为10.5%。这说明定向增发得到了市场的欢迎。他们还发现，折价越高的公司，其业绩改善越大，折价成为大股东支持上市公司的代理变量。而且他们对发行折价和市场反应也做了进一步的研究，发现大股东“支持”代理变量对宣告效应有正的显著影响，而控制大股东支持的影响后，大股东参与认购比例和发行前股权集中度对定向增发的市场反应有负向影响。这表明，定向增发后的公告效应可以视为市场对大股东未来利益输送的预期。

4. 定向增发中有关利益输送问题的研究

刘宇（2006）通过定向增发及公开增发对不同利益相关者财富的影响分析，发现定向增发相对于公开增发可以在一定程度上减轻流通股股东受损害的程度。黄建中（2006）发现上市公司定向增发股权再融资方式容易导致利益输送问题，从而侵害中小股东利益。同时，黄建中（2007）发现，将中小投资者排斥在外的定向增发股权再融资方式，容易滋生通过定向增发发行对象寻租以及向特定发行对象低价发行股票等利益输送问题。

彭忠波（2007）认为上市公司在定向增发过程中其控股股东或关联方收购资产，存在资产作价过高和资产质量问题。陈政（2008）研究发现，上市公司定向增发发行折价率与大股东转移财富的动机正相关；当大小股东之间存在利益协同效应时，发行折价率与协同程度负相关。王志强、张玮婷和林丽芳（2010）以2006~2007年实施定向增发的上市公司为样本进行比较研究，研究发现，当完全向大股东及关联方发行时，上市公司通过打压定价日前股价、提高折价幅度等手段降低增发价格，以实现向大股东及关联方输送利益的目的。通过对比样本公司定向增发前后关联交易量，他们还发现样本公司关联交易总规模、平均单笔交易规模都在定向增发后呈现上升趋势，进一步验证了上市公司在定向增发后通过关联交易进行财富转移的可能。杨靖、许年行和王琨（2011）将控股股东作为理性人，系统分析了定向增发中控股股东的决策动机及特征，控股股东认购定向增发股份的利益动机体现在资产上市、股权价值增值、维持或增加控制权、股权质押，以及在实施定向增发过程中通过低价认购股份和高价出售资产两种手段向自身进行利益输送，这从本质上揭示了控股股东的决策链条。王秀丽和马文颖（2011）以2006～2009年A股实施定向增发的上市公司为研究样本，从定向增发折扣率的角度研究定向增发过程中伴随的利益输送行为。他们研究发现，定向增发中向控股股东及其关联方增发股份比例与定向增发折扣率存在正相关关系；定向增发中认购者以非现金资产认购的折扣率比以纯现金认购的折扣率更低；定价基准日距首次发行日时间间隔与定向增发折扣率存在负相关关系；增发后上市公司前十大股东持股比例之和与定向增发折扣率存在正相关关系。研究结果表明，定向增发过程中往往会伴随特定增发对象的利益输送行为。

第五节　本章小结

近年来，定向增发与利益输送的问题受到国内外学者的关注。国内外学者对这一现象进行了大量的理论探讨和实证研究。本章对国内外学者有关大股东与中小股东代理问题、利益输送的相关研究、定向增发的相关研究、定向增发与利益输送相关文献进行了回顾。

国外的研究发现，世界上很多国家上市公司的股权都高度集中在控制性的大股东手中。控制性大股东会利用控制权优势通过各种途径对自身进行利益输送。国内的研究也证实我国上市公司大股东与中小股东之间也存在严重的委托代理问题，并且我国大股东侵占中小股东利益的程度高于英美等国家。国内外的研究认为利益输送主要手段有资金占用、现金股利、关联交易转移利润、注入劣质资产、过度担保、低价增发等，他们都认为在投资者保护的相关法律规范较强的环境下，大股东的利益输送行为会减少，反之，则会更加严重。

20 世纪 90 年代以后，定向增发成为美国、英国、加拿大、新加坡和新西兰等国证券市场一种流行的股权再融资方式。2006 年 5 月 8 日之后，中国证监会发布了《上市公司证券发行管理办法》，其中定向增发正式成为中国资本市场的一种股权再融资方式。定向增发的重要性的日益凸显，成为股权分置改革之后我国上市公司股权再融资的最主要方式之一。

国内外对定向增发的研究都表明，定向增发存在折价发行现象，而且国内的折价率高于国外的折价率。但国内外学者对这种折价现象的解释不同，国外学者基于信息不对称理论认为折价发行主要是对参与定向增发的投资者进行补偿，而国内的学者则认为大股东的机会主义和自利动机更能解释中国上市公司定向增发的折价现象。国内外的研究都证实了定向增发公司在短期内存在正的公告效应，但国外的研究已经证实那些短期内存在正的公告效应的公司，在定向增发后长期业绩并没有得到改善，同时公司的股价长期呈现弱势。定向增发在我国尚处于成长阶段，法律规范和监管、审核政策及制度还不健全，给我国上市公司通过定向增发进行利益输送提供了土壤。国内外的研究都证实了定向增发中确实存在利益输送行为。

第三章
中国上市公司定向增发现状与理论分析

我国证券市场作为资本市场的重要组成部分，它的建立始于改革开放的初期，相对于西方发达国家成熟的证券市场而言起步较晚。我国上市公司股权再融资是随着我国证券市场的产生而产生的，并随着我国证券市场规模的扩大而不断增加。我国上市公司股权再融资的方式主要有配股、公开增发和定向增发。配股和公开增发是股权分置改革之前最主要的股权再融资方式，而股权分置改革之后，定向增发逐步成为我国上市公司股权再融资的主要方式。因此，本章首先对我国上市公司定向增发现状进行介绍，包括中国定向增发股权再融资的政策演变、定向增发与其他股权再融资方式的政策比较、定向增发股权再融资的目的和定向增发股权再融资发展的现状。其次，对定向增发长期市场反应、利益输送方式、大小股东代理冲突下大股东参与定向增发利益输送的相关理论进行分析和总结，为后面章节的假设和实证研究打下基础。

第一节　中国上市公司定向增发现状

一、中国定向增发股权再融资的政策演变

中国第一例定向增发可追溯到 1998 年。巴士股份以折扣价 4.5 元向上海公交控股公司定向增发 5 000 万股，开启了中国资本市场定向增发新股的先河。此后，1999 年至 2005 年 9 月期间进行定向增发的公司很少，主要原因在于专门针对上市公司股权私募融资方面的法律法规一直处于缺位状态。定向增发是我国经济体制改革下的产物，与我国资本市场发展背景和功能有着紧密的联系。在 2005 年，为了从根本上解决我国资本市场上大股东和中小股东之间利益冲突的矛盾，以改善资本市场的微观环境和重振资本市场的融资功能，我国证监会等监管机构开始实施股权分置改革计划，主要是对上市公司原有的二元股权机构进行根本性的改革。2005 年 10 月 27 日，全国人大常委会审议通过的新修订

《证券法》和《公司法》对证券发行方式作出了新的界定，并明确了公开发行的定义，这意味着在法律上为推出非公开发行制度做好了准备。根据新修订后的《证券法》，向特定对象发行股票累计小于等于200人的即可归为定向增发。另外，同期颁布修订的新《公司法》规定：股东除了可用货币出资外，也可以用土地使用权、知识产权、实物等可以用货币估价且可以依法转让的非货币财产作价出资[①]，这代表投资者可以用非现金资产如债券、股权来认购定向增发的股份，它为定向增发的顺利实施打开了便利之门。随后鞍钢股份等几家上市公司公告了定向增发预案，这标志着我国证券发行市场单一依靠证券公开发行再融资这一局面的终结。2006年4月，证监会面对上市公司逐渐高涨的融资需求，出于对股权分置改革过程中股市扩容压力的规避，提出了“新老划断”拟分三步走的方针。其中，第一步明确提出“恢复不增加即期扩容压力的定向增发和以股本权证方式进行的远期再融资”。随后，2006年5月8日，中国证监会发布了《上市公司证券发行管理办法》，首次将非公开发行（亦称定向增发或私募增发）股票这一“新生事物”纳入我国法规约束范畴，奠定了中国定向增发的制度基础，定向增发正式成为中国资本市场的一种股权再融资方式。在股权分置改革的大背景下，定向增发得到了上市公司的青睐，迅速发展成为我国股权再融资的最主要方式之一。

2007年7月，中国证监会发行监督部下发了《关于上市公司做好非公开发行股票的董事会、股东大会决议有关注意事项的函》，并于2007年9月17日制定、颁布了《上市公司非公开发行股票实施细则》（以下简称《细则》），针对此前非公开发行股票实践过程中出现的投机性炒作等问题作出了明确和详细的规定，对非公开发行股票做了进一步的规范。《细则》主要对以下6个方面的问题进行了细化和规范[②]。

进一步明确了上市公司非公开发行股票的目的。《上市公司非公开发行股票实施细则》规定，上市公司非公开发行股票，应当有利于减少关联交易、避免同业竞争、增强独立性；应当有利于提高资产质量、改善财务状况、增强持续盈利能力。

进一步规范了非公开发行股票涉及重大资产重组的操作问题，规定发行方

① 全国人大常委会：《公司法》，2005年10月27日。

② 中国证监会：《上市公司非公开发行股票实施细则》，2007年9月17日。

案涉及中国证监会规定的重大资产重组的，重大资产重组应当与发行股票筹集资金分开办理。

进一步细化上市公司非公开发行的定价机制、发行对象与认购条件。第一，《细则》对《上市公司证券发行管理办法》的"定价基准日"做了补充规定：定价基准日是指计算发行底价的基准日。定价基准日可以为关于本次非公开发行股票的董事会决议公告日、股东大会决议公告日，也可以为发行期的首日，且上市公司应按不低于该发行底价的价格发行股票。第二，《细则》明确了定向增发发行底价的计算公式。"定价基准日前20个交易日股票交易均价"的计算公式为：定价基准日前20个交易日股票交易均价=定价基准日前20个交易日股票交易总额/定价基准日前20个交易日股票交易总量。第三，《细则》对不同的发行对象规定了不同的定价方式。"发行对象不超过10名"，是指认购并获得本次非公开发行股票的法人、自然人或者其他合法投资组织不超过10名。证券投资基金管理公司以其管理的2只以上基金认购的，视为一个发行对象。信托公司作为发行对象，只能以自有资金认购。如果发行对象属于下列情形之一的，具体发行对象及其认购价格或者定价原则应当由上市公司董事会的非公开发行股票决议确定，并经股东大会批准，认购的股份自发行结束之日起36个月内不得转让：（1）上市公司的控股股东、实际控制人或其控制的关联人；（2）通过认购本次发行的股份取得上市公司实际控制权的投资者；（3）董事会拟引入的境外战略投资者，具体发行对象及其认购价格或者定价原则应当由上市公司董事会的非公开发行股票决议确定，并经股东大会批准，还应当经国务院相关部门事先批准。对于上述三种情况以外的发行对象，上市公司应当在取得发行核准批文后，以竞价方式确定发行价格和发行对象。如果发行对象为机构投资者或者自然人，应当在取得发行核准批文后以竞价方式确定发行价格和发行对象。发行对象认购的股份自发行结束之日起12个月内不得转让。

进一步规范了上市公司非公开发行董事会、股东大会的决议和决议程序，明确规定发行决议过程中的各种注意事项。其中重要内容包括：（1）董事会决议确定具体发行对象的，上市公司应当在召开董事会的当日或者前1日与相应发行对象签订附条件生效的股份认购合同。同时，认购合同应载明该发行对象拟认购股份的数量或数量区间、认购价格或定价原则、限售期，同时约定本次发行一经上市公司董事会、股东大会批准并经中国证监会核准，该合同即应生效。（2）董事会决议确定具体发行对象的，董事会决议应当确定具体的发行对象名称及其认购价格或定价原则、认购数量或者数量区间、限售期，发行对象与公司签订的附条件生效的股份认购合同应当经董事会批准。（3）董事会决议未确定具体发行对象的，董事会决议应当明确发行对象的范围和资格、定价原则、限售期。（4）本次非公开发行股票的数量不确定的，董事会决议应当明确数量区间（含上限和下限）。董事会决议还应当明确，上市公司的股票在定价基准日至发行日期间除权、除息的，发行数量和发行底价是否进行相应调整。（5）董事会决议应当明确本次募集资金数量的上限、拟投入项目的资金需要总数量、本次募集资金投入数量、其余资金的筹措渠道。募集资金用于补充流动资金或者偿还银行贷款的，应当说明补充流动资金或者偿还银行贷款的具体数额；募集资金用于收购资产的，应当明确交易对方、标的资产、作价原则等事项。

进一步规范了上市公司非公开发行过程中的信息披露，完善了非公开发行股票的事前和事后信息披露制度。董事会决议经表决通过后，上市公司应当在2个交易日内披露非公开发行股票预案。上市公司的控股股东、实际控制人和本次发行对象，应当按照有关规定及时向上市公司提供信息，配合上市公司真实、准确、完整地履行信息披露义务。本次发行涉及资产审计、评估或者上市公司盈利预测的，资产审计结果、评估结果和经审核的盈利预测报告最迟应与召开股东大会的通知同时公告。非公开发行股票的董事会决议公告后，出现以下情况需要重新召开董事会的，应当由董事会重新确定本次发行的定价基准日：（1）本次非公开发行股票股东大会决议的有效期已过；（2）本次发行方案发生变化；（3）其他对本次发行定价具有重大影响的事项。

进一步规范了非公开发行股票的核准与发行。其中重要的内容包括：（1）股东大会批准本次非公开发行后，上市公司可向中国证监会提交发行申请文件。（2）中国证监会按照《上市公司证券发行管理办法》规定的程序审核非公开发行股票申请。上市公司收到中国证监会发行审核委员会关于本次发行申请获得通过或者未获通过的结果后，应当在次一交易日予以公告，并在公告中说明，公司收到中国证监会做出的予以核准或者不予核准的决定后，将另行公告。（3）董事会决议确定具体发行对象的，上市公司在取得核准批文后，应当按照《上市公司非公开发行股票实施细则》发行对象相关的规定和认购合同的约定发行股票。(4) 董事会决议未确定具体发行对象的，在取得中国证监会的核准批文后，由上市公司及保荐人在批文的有效期内选择发行时间。在发行期起始的前1日，保荐人应当向符合条件的特定对象提供认购邀请书。(5) 认购邀请书发送对象的名单由上市公司及保荐人共同确定。认购邀请书发送对象的名单除应当包含董事会决议公告后已经提交认购意向书的投资者、公司前20名股东外，还应当包含符合《证券发行与承销管理办法》规定条件的下列询价对象：不少于20家证券投资基金管理公司，或不少于10家证券公司，或不少于5家保险机构投资者。

以上这些法律法规的陆续出台，为非公开发行股票扫清了政策和技术操作上的障碍，同时也为今后上市公司定向增发股权再融资方式的开展提供了更好的政策环境。定向增发在我国迅速发展，成为全流通时代资本市场主流股权融资方式之一。

二、定向增发与其他股权再融资方式的政策比较

在股权分置改革以前，我国上市公司股权再融资的方式主要是公开增发和配股。定向增发是股权分置改革完成之后出现的一种新型的股权再融资方式。相对于公开增发和配股，定向增发的具体实施政策既存在相关性，同时又存在很大的差别。以下是对公开增发、配股和定向增发这三种股权再融资方式的政策差异进行对比分析，以便更好地了解定向增发的政策特征。

1. 融资的发行对象

定向增发的发行对象大部分是和融资发行公司有良好的合作关系，或者具有一定专业投资能力的机构。定向增发的发行对象为特定的对象，主要包括：原有股东、个人投资者和机构投资者。《上市公司证券发行管理办法》对定向增发的发行对象做出了明确的规定：第一，特定发行对象符合股东大会决议规定的条件；第二，发行对象不超过十名；第三，发行对象为境外战略投资者的，应当经国务院相关部门事先批准①。

① 中国证监会：《上市公司证券发行管理办法》，2006年5月8日。

公开增发的发行对象，包括原有股东、社会公众投资者和机构投资者。其中，机构投资者包括符合法律规定条件的证券投资基金管理公司、证券公司、信托投资公司、财务公司、保险机构投资者、合格境外机构投资者，以及经中国证监会认可的其他机构投资者，即发行对象为200名以上的投资者。公开增发可以全部或者部分向原有股东优先配售，优先配售比例应当在发行公告中详细披露。倘若全部向原有股东配售就是配股①。

配股的发行对象为上市公司的原有股东。

可见，从发行对象看，可以看出定向增发股权再融资方式与其他两种股权再融资方式的不同之处在于，定向增发的发行对象是特定的，可以是原有股东或战略投资者，且要求发行对象不超过十名。

2. 锁定期限

配股、公开增发和定向增发三种股权再融资方式中，只有对定向增发的股份规定了锁定期限，其他两种融资方式均不受此规定约束。《上市公司证券发行管理办法》规定我国上市公司定向增发股份自发行结束之日起，十二个月内不得转让，同时规定三十六个月内不得转让的投资者包括：（1）上市公司的控股股东、实际控制人或其控制的关联人；（2）通过认购本次发行的股份取得上市公司实际控制权的投资者；（3）董事会拟引入的境内外战略投资者。限售期的规定有利于上市公司的大股东重视公司的长期发展，从而增强上市公司的长期投资价值，提高市场上投资者的信心。可见定向增发存在严格的转售限制。

3. 融资条件

在《上市公司证券发行管理办法》中股权再融资的融资条件，主要包括盈利能力、历史分红派送、融资规模等方面的限制条件。

《上市公司证券发行管理办法》对公开增发和配股的发行条件有较严格的限制。在盈利能力方面，除定向增发外，其他两种融资方式均要求：（1）最近三个会计年度连续盈利，扣除非经常性损益后的净利润与扣除前的净利润相比，以低者作为计算依据。（2）最近二十四个月内公开发行证券的，不存在发行当年营业利润比上年下降百分之五十以上的情形。（3）而公开增发还应

① 中国证监会：《上市公司证券发行管理办法》，2006年5月8日。

当符合下列规定：最近三个会计年度加权平均净资产收益率平均不低于百分之六，扣除非经营性损益后的净利润与扣除前的净利润相比，以低者作为加权平均净资产收益率的计算依据。可见公开增发对盈利能力的要求高于配股和定向增发。

在历史分红派送方面，除定向增发外，其余两种融资方式均要求：最近三年以现金或股票方式累计分配的利润不少于最近三年实现的年均可分配利润的百分之二十①。而对定向增发的历史分红派送没有做出限制。

在融资规模限制方面：（1）拟配售股份数量不超过本次配售股份前股本总额的百分之三十；（2）控股股东应当在股东大会召开前公开承诺认购配股股份的数量；（3）采用证券法规定的代销方式发行，控股股东不履行认购股份的承诺，或者代销期限届满，原股东认购股票的数量未达到拟配售数量百分之七十的，发行人应当按照发行价并加算银行同期存款利息返还已经认购的股东②。而公开增发和定向增发两种股权再融资方式均未对融资规模做出限制。

通过上述比较可以看出：第一，新的发行管理办法不再对融资间隔时间做出限制；第二，公开增发对盈利能力的要求高于配股和定向增发；第三，新的发行管理办法对配股在融资规模上做出了具体限制，而未对公开增发和定向增发两种股权融资方式的融资规模做出限制。

4. 发行定价限制

根据《上市公司证券发行管理办法》规定：上市公司非公开发行股票，应当符合发行价格不低于定价基准日前二十个交易日公司股票均价的百分之九十；向不特定对象公开募集股份发行价格应不低于公告招股意向书前二十个交易日公司股票均价或前一个交易日的均价。

从《上市公司证券发行管理办法》的规定可以看出，上市公司非公开发行股票规定中关于定价基准日要求不明确，在基准日的理解上可以有董事会决议公告日、股东大会决议公告日与发行期首日三个时点，时点的选择不同发行价格的定价基准不同，进而定价基准日前二十个交易日公司股票均价不同。而对公开增发的发行价格的定价基准日做出了明确的规定，公开增发的发行价格应不低于公告招股意向书前二十个交易日公司股票均价或前一个交易日的均价。

①② 中国证监会：《上市公司证券发行管理办法》，2006 年 5 月 8 日。

从定价最低基准价上看，对定向增发的要求最低，定向增发的定价具有较大的可操作性。

考虑到配股是向原有股东同价、同比例配售，以什么价格进行配售是股东自己的事情，应由股东大会决定，因此，《上市公司证券发行管理办法》在配股方面未对发行定价做出限制性要求。

5. 股权再融资后对公司的影响

（1）对大股东控制权的影响。

由于配股只向老股东按同样比例配售，大股东如果参与配股，则持股比例不会发生改变，对控制权不会有太大的影响。公开增发时，如果老股东不参与认购（在中国，老股东往往不参与认购），则老股东的持股比例将下降，因而其对大股东控制权有稀释作用。定向增发如果向控股股东外的其他战略投资者进行发售将会对控制权产生稀释效应，但引入了更多的机构投资者；如果向控股股东定向增发，非但不会对控制权产生稀释效应，反而会强化控股股东的控制权地位。

（2）对公司融资财务成本的影响。

相对于公开增发，定向增发其实相当于私募。一方面是因为定向增发具有低成本募集资金的优势。公开募集资金需要聘请承销机构等，这些均需要支付金额不小的费用。而定向增发向控股股东或特定的机构投资者或个人募集资金，因此只需要找到这些机构投资者或个人，经过询价之后，就可以轻松完成募资的所有环节，其费用相对低廉。

（3）其他方面。

无论是配股还是公开增发或定向增发，股权再融资之后上市公司的总股本都会增加，资产规模也会扩大，每股收益会被摊薄，股票价格会下降。而由于配股、公开增发或定向增发的发行价远远高于发行前公司的每股净资产，股权再融资之后公司的每股净资产会大大增加。

通过以上对三种股权再融资方式在各个方面的比较分析，我们可以看出，相对于配股而言，公开增发是一种符合市场化原则和国际趋势的再融资方式。公开增发的发行对象包括原有股东或新增投资者，它能够优化中国上市公司的股权结构。定向增发的发行对象是特定的，有利于控股股东增强控制权或出于公司发展战略考虑引入战略投资者。并且，定向增发新股成本低、时效高、融资规模大。总体来看，随着这些融资方式的不断发展，配股、公开增发在中国证券市场融资中所占比重将日益减少，定向增发将成为中国上市公司当前和今后股权再融资的主要方式。

三、定向增发股权再融资的目的

定向增发之所以成为全流通时代资本市场主流股权融资工具之一，首要原因是定向增发股权再融资方式符合管理层融资中不断增加即期扩容压力的规定；其次，定向增发作为一种私募行为，不需要聘请承销机构，省去了很多环节，而且只需向有限的特定机构投资者询价，这样可以大大节省时间和资金成本；再次，可以通过灵活选择增发对象，以实现发行公司的目的。中国上市公司进行定向增发除了为公司募集项目投资或经营活动所需的资金以外，还有如下目的：

1. 实现企业集团整体上市

上市公司通过向控股股东进行定向增发，以收购控股股东相关经营性资产，从而实现企业集团整体上市的目的。整体上市对上市公司每股收益和净资产有明显的增厚作用，而且能减少关联交易、同业竞争、关联方担保等不规范行为；还能提高公司业务与经营的透明度，逐步控制核心资产，提高资产质量，促使产业链更加完善，从而大幅度提升公司的内在价值。

2. 引入战略投资者

如果上市公司的战略目的是引入新的战略投资者，其主要考虑的是新进股东的行业地位、市场控制、特定背景、合作能力、能给公司带来特殊资源等。上市公司通过定向增发引入新的战略投资者，以实现双方资源共享，吸收先进的管理经验以及技术，从而提高公司的竞争力，还可能伴随隐含控制权的转移。

3. 为新的对外投资项目筹集所需的资金

上市公司在培育新的利润增长点时遭遇资金短缺，若公司价值以及新项目的发展前景能够得到机构投资者的认同，通过向机构投资者定向增发股份能够解决此资金短缺难题。上市公司实现培育新的利润增长点的同时，开拓了公司业务并提升了整体竞争力；对于机构投资者而言，既能够达到长期投资获利的目的，又能增加股票本身的流动性。

4. 财务重组

对于资产质量极差但拥有“壳资源”的上市公司，通过定向增发置入具有连续盈利能力的经营性资产，从而挽救上市公司陷入退市的困境。这与常规的先收购股权再置入优质资产相比，具有周期短、成本低、见效快和风险小的特点。

5. 增强控股权

对于股权结构较为分散，或经过股权分置改革之后股权份额大幅降低的上市公司，其大股东出于避免被收购或控制权被稀释的情况出现以及保证公司未来经营连续性的考虑，需要增持上市公司股份，从而更好地控制上市公司。通过认购定向增发的股份，还可以加强大股东的控股地位。

四、定向增发股权再融资发展的现状

从 2006 年 5 月 18 日，从首例华联综超实施定向增发开始，中国上市公司就出现了定向增发股权再融资的“热潮”，定向增发成为股权分置改革后最主流的股权再融资方式。由于定向增发主要从 2006 年 5 月开始正式实施，本部分对 2006 年 5 月 8 日至 2011 年 12 月 31 日间定向增发、公开增发和配股三种股权再融资方式的市场数据进行统计分析，对比三种再融资方式在资本市场中的地位。我们主要从发行家数和融资规模来比较三种再融资方式的差异，统计结果如图 3－1和图 3－2 所示。

根据 Wind 资讯统计，2006 年 5 月 8 日至 2011 年 12 月 31 日，中国 A 股市场共有 590① 家上市公司实施定向增发股权再融资，新增股份1 747. 25亿股，融资 1 344 752. 68 亿元。同期仅 159 家上市公司实施了公开增发和配股，新增股份 625. 21 亿股，融资 4 335. 91 亿元。定向增发次数占全部股权再融资次数的 82%（如图 3－1），定向增发股份占全部股权再融资股份的 73%（如图 3－2），定向

① 2006～2011 年，中国上市公司实施定向增发股权再融资共 734 次，有些公司实施定向增发股权再融资 2 次以上，因此中国 A 股共有 590 家上市公司实施了定向增发股权再融资。

增发融资额占全部股权再融资额的99.68%，中国定向增发股权再融资成为全流通时代最主要的融资方式。

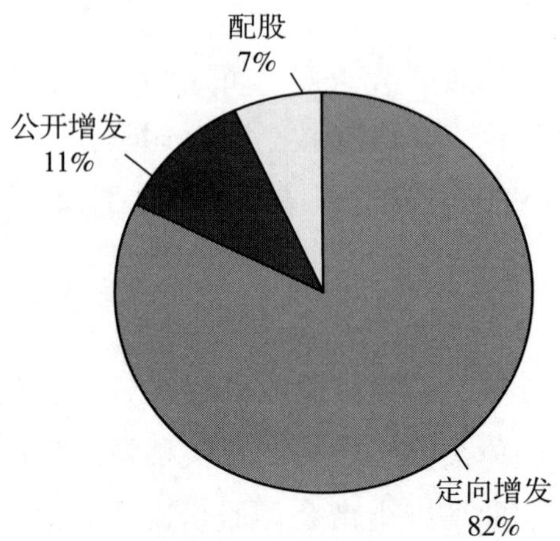

图3-1　2006~2011年中国上市公司股权再融资方式的公司次数比较

资料来源：根据Wind中国金融数据库相关数据整理。

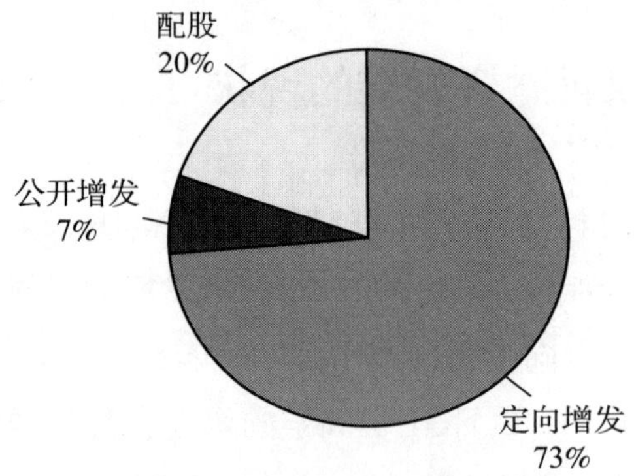

图3-2　2006~2011年中国上市公司股权再融资方式的融资规模比较

资料来源：根据Wind中国金融数据库相关数据整理。

表3-1给出了2006~2011年我国定向增发的行业分布情况。我国A股市场实施定向增发的590家上市公司主要分布在制造业（339家）和房地产业（50家），分别占全部实施定向增发的比例为57.5%和8.47%。由于房地产市场资本扩张的需要，定向增发股权再融资方式成为房地产上市公司融资的宠儿。其中制造业又主要集中在机械设备制造业（占制造业总数的30.97%）、金属非金属制造业（占制造业总数的17.70%）和石油化学塑胶塑料制造业（占制造业总数的17.99%）等领域。通过观察我们可以发现，我国制造业的全面繁荣产生的资金需求以及资源类企业的整体上市是制造业上市公司大量实施定向增发的主要

原因。全世界金融危机，国内通货膨胀严重，而银行贷款利率不断提高使企业资金成本大幅提升，定向增发成为制造业上市公司进行融资从而满足新投资资金需求的重要手段。

表 3 –1　2006 ~ 2011 年中国上市公司定向增发行业统计　单位：家

行业		家数
采掘业		14
传播与文化产业		1
电力、煤气及水的生产和供应业		30
房地产业		50
建筑业		15
交通运输、仓储业		20
金融、保险业		12
农、林、牧、渔业		15
批发和零售贸易		31
社会服务业		15
信息技术业		31
制造业	制造业—电子	29
	制造业—纺织、服装、皮毛	13
	制造业—机械、设备、仪表	105
	制造业—金属、非金属	60
	制造业—木材、家具	5
	制造业—其他制造业	6
	制造业—石油、化学、塑胶、塑料	61
	制造业—食品、饮料	22
	制造业—医药、生物制品	24
	制造业—造纸、印刷	14
综合类		17

资料来源：根据 Wind 中国金融数据库相关数据整理。

第二节 理论分析

一、定向增发长期市场反应的理论分析

上市公司进行再融资时，有多种方式可以选择。根据“啄食理论”，上市公司再融资方式的最优顺序依次是“内部融资—债务融资—股权融资”。然而与“啄食理论”恰恰相反，我国上市公司具有明显的股权融资偏好，如配股、公开增发、定向增发等股权融资方式是我国上市公司主要的再融资方式。

上市公司实施股权再融资后经营业绩的变化一直是学术界关注的焦点。近年来，国内外大量的学者对此问题进行了研究。有些国外学者研究发现，相对于没有实施股权再融资的上市公司而言，实施股权再融资的上市公司的长期业绩表现欠佳（Asquith and Mullins，1986；Spiess and Affleck-Graves，1995；Loughran and Ritter，1995；Jung，Kim and Stulz，1996）。原红旗（2003）研究发现，世界上各国的股权再融资方式各有不同，但是各国上市公司在股权再融资之后都出现了长期经营业绩下降的现象。学者们把实施股权再融资的上市公司的长期业绩表现欠佳的现象称作为“新股发行困惑”。

对于“新股发行困惑”的现象，学者们还没有达到一个共识（Loughran and Ritter，1995；Spiess and Affleck-Graves，1995）。定向增发是在20世纪90年代以后的美国、英国等发达国家证券市场广泛流行的一种股权再融资方式。从理论上讲，上市公司进行定向增发股权再融资应该是增加公司的价值。但是国内外学者的研究表明，虽然定向增发股权再融资在短期内存在着正的公告效应，但定向增发之后公司的长期经营业绩却显著下滑。

定向增发正的公告效应正好与公开增发、配股等其他股权再融资方式的市场反应刚好相反。弗鲁克（1989）运用美国99家实施定向增发的上市公司样本

进行研究，发现定向增发在短期内存在正的超额收益率，而公开增发存在负的超额收益率。其他学者也得出了同样的结论（Hertzel and Smith，1993；Wu，Wang and Yao，2002；Eckbo and Norli，2005；章卫东，2007；贾钢和李婉丽，2008）。

上市公司定向增发具有显著积极、正面的市场反应，这表明定向增发股份的认购对象在短期内发挥了对公司监督和治理作用，降低了代理成本，从而提升了公司价值。照此推理，实施定向增发公司应该具有良好的长期市场表现。但是，现实情况是定向增发的长期超额回报率为负，长期经营业绩下滑。国内外大部门学者研究发现，实施定向增发后公司的业绩并未如市场所预料的那样得以改善。相反，上市公司实施定向增发后普遍存在公司业绩下降。国内外学者对定向增发后公司业绩欠佳的解释却不尽相同，由此形成了众多的理论假说。

1. 投资者过度乐观假说

赫兹尔等（2002）以美国 1980～1996 年 952 家实施定向增发上市公司为研究样本，对定向增发股权再融资对增发公告的股价反应、公告后的股价反应以及定向增发公司的长期经营业绩进行研究。其实证结果表明，虽然定向增发公告日存在正的股价反应，但三年持有期超额收益率为负，公司三年的长期绩效并没有得到改善，定向增发公司股价存在长期弱势表现。同时，参照同行业公司样本，上市公司在定向增发后，公司的长期回报率为负，且长期绩效表现较差。他们认为，管理层和特定投资者过度乐观，高估了定向增发公司的投资机会和项目发展前景导致定向增发后股价长期弱势。马西乌凯蒂特、斯泽西克和瓦尔马（2005）从心理学普遍存在过分看重当前经验的心理特征的角度进行研究，研究发现投资者对存在高度不确定性投资项目有过度乐观的预期，从而导致定向增发公司的股价表现欠佳。周、贡博洛和刘（2006）从公司成长机会的角度研究定向增发公司的长期绩效。研究发现，成长机会越高的定向增发公司，其长期回报率较低，并且长期经营业绩也较差。为了进一步研究成长机会和公司长期回报率以及经营业绩的关系，他们分别从管理层过度投资、投资者偏好和投资者对盈余预期过度乐观的角度进行研究，实证研究结果发现高成长机会与低长期回报正相关的原因在于投资者对高成长机会公司的盈利预期过度乐观。

2. 防御假说

丹恩和迪安格罗（1988）最早提出管理层会采用防御性手段来避免公司被

接管，而定向增发就是这样的手段之一。巴克莱、霍尔德内斯和希恩（2007）对此进行了系统论证。丹恩和迪安格罗（1988）指出实施定向增发的公司更倾向于把增发的新股出售给消极投资者，而不是出售给那些愿意参与公司监督管理的投资者。巴克莱、霍尔德内斯和希恩（2007）进一步研究发现，定向增发的投资者很少公开参与公司的事务，而且对管理层的监督也不积极，认为管理层在进行股权再融资时，通常将股份出售给消极投资者对公司管理层的干涉进行防御，达到不影响管理者利益和大股东投票权的目的，定向增发的折扣率是对消极投资者放弃监管而做出的补偿。巴克莱、霍尔德内斯和希恩（2007）认为定向增发是一种利空消息，美国市场定向增发的短期超额回报率为正，但是定向增发的长期回报率有明显的下降趋势。在防御假说下，定向增发的长期市场反应表现较差，且由于管理层的这种防御行为，大股东参与同样导致定向增发公司的长期市场业绩不佳。

3. 盈余管理的反转假说

陈等（2002）运用美国1997～2003年实施定向增发公司的样本进行实证研究，发现定向增发前公司使用盈余管理的反转导致定向增发后公司长期回报率和长期经营业绩都较差。

4. 利益输送假说

在欧洲和东亚，大股东控制上市公司的现象非常普遍。拉波塔、洛佩兹德西兰和施莱弗（1999）开创性的研究发现，分散持有股权仅存在于英、美两国，世界上大多数国家的股权都高度集中在控制性的大股东手中。虽然股权高度集中在一定程度上避免了股权分散条件下股东与管理层之间的代理问题，但却增强了控股大股东谋取控制权私利的能力，从而产生了控股大股东对中小股东利益侵占的代理问题（Shleifer and Vishny，1997）。由于双重股权和金字塔控股结构的存在，大股东控制的主要手段就是通过金字塔式的股权结构。在股权高度集中、控制权和现金流权分离的条件下，大股东往往利用控制权通过各种渠道从上市公司转移资源，以获取控制权私利，从而侵害了上市公司和中小股东的利益（Pagano and Roell，1988；Shleifer and Vishny，1997；Claessens，Djankov and Lang，2000；Johnson et al.，2000；Cronqvist and Nilson，2005）。国外现有的研究发现上市公司进行定向增发过程中也存在控制性大股东侵占中小股东的利益，从而向自身输送利益的问题。有些学者研究发现控股股东通过选择有利的增发对象来避免控制权被稀释（Cronqvist and Nilson，2005）。克朗奎斯特和尼尔森（2005）以 1986～1999 年瑞典上市公司的配股和定向增发数据为研究样本，经研究发现影响上市公司股权再融资方式的关键因素是控制权。为了避免控制权被稀释，家族控股的上市公司通常不愿意通过定向增发引进新的大股东。如果实在避免不了对新的股东进行定向增发，家族控股的上市公司会定向发行投票权较低的股票。因此，家族企业更倾向于向家族成员定向增发或者向新股东发行投票权较低的股票。部分学者研究发现，控股股东在定向增发时会利用自身的控制权谋取控制权私利，从而掠夺中小股东的财富。贝克、康和李（Beak，Kang and Lee，2006）通过运用韩国实施定向增发的数据作为研究样本，分析韩国企业集团利用定向增发进行利益输送的问题。他们研究发现，韩国的大股东确实存在通过定向增发进行利益输送的行为，控股股东会利用金字塔结构从定向增发过程中向自身输送利益，其主要手段包括稀释少数股东的股权、向控股股东高折价增发使其获益、将业绩较差企业的股票高价增发给集团内业绩较好的企业等。同时，他们还发现，韩国定向增发后公司［-10，480］的长期累积超额收益率为-42.3%，这说明韩国上市公司的大股东存在利用其控制权在定向增发过程中进行利益输送的行为，该行为损害了上市公司及中小股东的利益，从而导致上市公司的长期累积超额收益率为负值，且长期经营业绩下降。

综上所述，国外关于定向增发的长期市场反应大多显著为负的理论假说主要有 4 种，分别是投资者过度乐观假说、防御假说、盈余管理的反转假说和利益输送假说。国内的相关研究也证实定向增发后公司的长期回报率为负，长期经营业绩下滑。何丽梅和蔡宁（2009）对 2006 年实施定向增发的上市公司样本数据进行研究，发现控股股东和关联方参与定向增发的企业三年长期持有回报率较低，融资非理性和股权融资偏好导致长期回报率出现恶化趋势（郑琦，2009）。章卫东和李海川（2010）对基于不同类型定向增发资产注入的短期市场反应和长期市场反应进行比较研究，发现控股股东向上市公司注入劣质资产导致其长期持有超额收益率下降，并且显著低于注入优质资产的投资者获得的长期持有超额收益率。耿建新、吕跃金和邹小平（2011）研究了上市公司定向增发后的长期回报率及长期经营业绩，发现定向增发公司的长期回报率和长期经营业绩均呈现下滑趋势。他们认为投资者对成长机会不确定的投资项目过于乐观和定向增发公司未能实现预期的盈利目标导致公司的股价的下跌和长期回报率的下降。

值得注意的是，定向增发股权再融资在短期内存在着正的公告效应，但定向增发之后公司的长期经营业绩却显著下滑。无论是国外还是国内的研究都证实定向增发后公司的长期回报率下滑、长期经营业绩下降。笔者使用2006～2010年的实施定向增发的上市公司数据为样本，对定向增发后的长期经营业绩也进行了研究，得出了一致的结论，即定向增发后公司的长期回报率下滑、长期经营业绩下降。这说明上市公司大股东参与认购定向增发股份，并没有达到提高资产质量、改善财务状况和保护中小股东利益的目的。由于大股东和中小股东委托代理问题的存在，控制权在大股东和中小股东委托代理问题严重的国家具有较高的价值，尤其是控制权和现金流权分离越严重，控制权私有收益越大。因此大股东在定向增发过程中通过各种手段向自身输送利益，侵占了上市公司和中小股东的利益，从而导致定向增发之后公司的长期经营业绩下降。

二、利益输送方式的相关分析

如上一节所述，关于定向增发的长期市场反应大多显著为负的理论假说有4种：投资者过度乐观假说、防御假说、盈余管理的反转假说和利益输送假说。不难发现，这些假说都处于一个相同的背景，即高度集中的股权结构。在高度集中的股权结构下，公司通常处于控股大股东的超强控制之下。虽然股权集中在一定程度上避免了股权分散条件下外部股东与公司内部管理层之间的代理问题，但同时产生了控股大股东对中小股东利益侵占的委托代理问题（Shleifer and Vishny，1997；Claessens，Djankov and Lang，2000）。大股东控制的主要手段就是通过金字塔式的股权结构。在股权高度集中、控制权和现金流权分离的条件下，大股东往往利用控制权通过各种渠道从上市公司转移资源，以获取控制权私利，从而侵害了上市公司和中小股东的利益（Johnson et al.，2000）。

我国是一个处在转型过程中的新兴国家，我国的证券市场是伴随着国有企业改制发展起来的，上市公司的股权普遍集中，形成了控股大股东和中小股东并存的格局。同时，我国资本市场相关投资者法律保护不健全，行业自律性较差，导致控股大股东侵占中小股东利益的代理问题更加严重。我国上市公司大股东侵占中小股东利益主要有以下几个方面的原因：

1. 我国特殊的股权结构安排

我国大部分的上市公司都是国有企业改制而来，将优质资产剥离上市，原国有股东成为上市公司的大股东，其所持有的上市公司股票被划定为“非流通股”，不能在市场上交易。上市公司大股东有两种获得投资回报的方式：一是通过股利分红获得现金股利；二是通过买卖股票获得股价差额收益。但由于大股东持有股份不能在市场上交易，从而无法获取买卖股票的差额收益。同时我国上市公司的盈利能力普遍不高，通过大量的股利分红获取收益可能会减少大股东所能控制的资源。因此，在大股东是理性的经济人的假设条件下，就会从自身利益最大化出发，在现有的制度环境下，通过各种“利益输送”方式获取投资回报。

2. 法制环境

我国资本市场上有关投资者保护的法律规定还很缺乏，如在民事法律上，还没有惩罚性赔偿。这样，通过法律诉讼受损的一方只能得到损害的赔偿。直到2006年修订后的《公司法》和《证券法》才出现有关股东诉讼和投资者保护的条款，但这些条款能否有效的贯彻实施还有待观察。对于投资者的保护不仅取决于法律法规制定层面，还取决于法律法规的实施层面（La Porta et al.，1998）。即在一个有效的投资者保护的司法体系下，各方面的法律法规能约束大股东的行为，但这不能保证中小投资者的权益不会受到侵害。一旦投资者的权利受到侵害，有关投资者保护的各种法律法规就会得到有效的实施，从而使投资者获得补偿。国外关于投资者保护的法律已经非常完善，如集体诉讼、原告举证等。但我国实施投资者保护的法律还不尽如人意，如我国现有司法体系实施的原则是“谁主张，谁举证”，这无形中就增加了中小股东诉讼的成本。

3. 公司治理机制

完善的公司治理机制包括内部治理机制和外部治理机制，其能够对大股东的行为进行有效的监督。但在我国股权结构高度集中的情况下，大股东通常控制着上市公司的董事会，并委派管理层，财务信息披露不规范，缺乏透明度。因此，董事会的监督、管理层的激励以及财务信息披露等内部治理机制并不能有效抑制大股东的行为。同时，目前我国还没有形成成熟的职业经理人市场，市场的反对或其他市场压力无法影响上市公司管理层的行为。同时，我国证券市场也没有成熟的机构投资者，绝大部分机构投资者只是超级“散户”，虽然他们有相对较强的信息收集和分析能力，但为了获取差价，他们和散户一样采取低买高卖的行为。因此，类似职业经理人市场、机构投资者等外部治理机制也不能有效遏制大股东的行为。

4. 市场监管

证券监管部门应该加强对上市公司、大股东和上市公司高级管理层的监管，以约束大股东控制和内部人控制，从而提升上市公司的质量和保护中小股东的利益。但我国证券监管部门长期以来却把重点放在上市公司融资和二级市场投资的问题上，从而缺乏对大股东和内部人的监管。这种情况造成的原因主要有以下几种：一是证券监管部门片面强调对二级股票市场的监管，如打击内幕交易、股票操纵、抑制投机，但却忽视了监管上市公司；二是证券监管部门的权力和监管手段都比较有限，如无法直接调查上市公司的第一大股东，也无权直接调查上市公司的资金账户。

基于以上的分析，我国大股东利益输送的行为较为普遍。因此，我国《公司法》将大股东侵占中小股东的行为分为直接侵占行为和通过关联交易间接侵占行为。大股东直接侵占中小股东的行为与约翰逊等（2000）的超越权限的欺骗与偷窃类似，这些行为本身是非法的，属于《公司法》约束的范围。通过关联交易间接侵占中小股东的行为可能是一种表面合法而实质上不合法的行为，我国关联交易包括但不限于下列事项：（1）购买或出售资产；（2）对外投资（含委托理财、委托贷款、对子公司投资等）；（3）提供财务资助；（4）提供担保；（5）租入或租出资产；（6）签订管理方面的合同（含委托经营、受托经营等）；（7）赠与或受赠资产；（8）债权或债务重组；（9）研究与开发项目的转移；（10）签订许可协议；（11）购买原材料、燃料、动力；（12）销售产品、商品；（13）提供或接受劳务；（14）委托或受托销售；（15）关联双方共同投资；（16）其他通过约定可能造成资源或义务转移的事项；（17）中国证监会和深圳证券交易所认为应当属于关联交易的其他事项。利益输送行为出现在公司的生产经营活动中，如公司经营、资源分配、公司投融资（李梅，2004）。由于绝大部分违规行为都未披露，根据证监会及沪深证券交易所的违规处罚公告，我国上市公司最主要的直接侵占中小股东的行为有以下几种：

（1）控股股东虚假出资。

在上市公司发起筹建阶段，控股股东名义上向上市公司投入了资金或资产，但未即时足额地缴纳出资额或资产，实际上资金或资产仍然属于最终控制人控制的其他公司所有，但最终控制人却占有了股权和控制权。如西藏圣地在发起时，其最终控制人四川经协公司注入西藏圣地净资产 1 949. 34 万元，占有西藏圣地 32. 57% 的股权。净资产中包括一台价值 1 624. 2 万元的吹塑设备，但该设备一直未投入西藏圣地①。同样的例子还有闽福发最终控制人拖欠配股款 4 525 万元、“活力 28” 大股东拖欠配股款 2 320 万元和成都联谊其控制集团拖欠配股款 6 000 万元②。

（2）直接侵占、挪用公司资金。

直接侵占或挪用上市公司资金又称无偿占用上市公司的资金净额，这种利益输送行为对公司的经营业绩会造成不利的影响。无偿占用上市公司现金包括经营性占用和非经营性占用。前者是上市公司与终级控制人之间发生的资金往来，表现为上市公司与最终控制人之间的应收账款、预付账款、应付账款和预收账款等四个科目的金额。经营性占有实质上同关联购销有联系。如果上市公司和最终控制人之间存在频繁的交易，在交易过程中又存在大量未付现的往来现金，那么就该怀疑此类交易行为的真实性。非经营性资金占用是上市公司与最终控制人及其控制集团之间发生的与经营无关的往来资金余额，反映为上市公司与控制集团之间的其他应收款、其他应付款两个科目的金额。对于 2006 年中证报的一项调查表明，截至 2006 年 7 月 31 日，沪深两市仍然有 139 家公司存在关联方占用上市公司资金问题，占用余额达到 305. 48 亿元。

（3）过度担保或抵押。

我国以上市公司名义担保、抵押的案例非常普遍。以上市公司名义对外提供担保，对其会形成两方面的财务影响：第一是过多的担保容易降低上市公司的资信等级和融资能力，从而增加融资成本；第二是若被担保方未偿还债务，从法律上讲，上市公司要承担债务的连带责任。这样上市公司最终控制人到期不能还借款，上市公司必须代还。如果上市公司为最终控制人提供了大量的对外担保，该行为预示着上市公司的债务风险提高，侧面可以认为是最终控制人对上市公司和中小股东的侵占，这种债务风险都可能转换成为真实的债务，如

①② 资料来源：中国证监会，www. csrc. gov. cn.

猴王股份从1998年4月以来，为大股东提供巨额担保，总金额达到2.44亿元。ST金马、吉发股份、ST白云山、中关村、三九股份、深石化、粤宏远等受证监会处罚的公司都存在违规担保或抵押的问题，并且很多公司在年报中未对此进行披露①。

（4）非公允的关联购销。

我国沪深两市的上市公司多由原母公司剥离、包装改制而来，母公司是上市公司最大的股东，这样与母公司存在各种各样的业务关系。母公司控制上市公司的销售，这样导致上市公司与母公司之间出现了大量的关联购销。由于母公司是上市公司的最大股东，拥有超强的控制权，而上市公司却没有同关联方展开产品购销价格谈判的权利，即上市公司与关联方的产品购销是非公允的。母公司通过关联方以高价向上市公司提高产品和服务，或以低于市场价收购上市公司的产品，从而将上市公司的资源转移到母公司或持有更大现金流权的关联公司，这种行为侵占了上市公司和中小股东的利益。由于缺乏对母公司与上市公司之间关联购销的监督及合理定价制度，监管部门和中小股东难以对这种利益输送进行有效的识别，造成母公司这样的大股东的利益输送行为极具隐蔽性。比如，五粮液的大股东五粮液集团在五粮液上市后的6年间前后从上市公司获得超过90亿的现金，其中五粮液在产品生产过程中与集团公司进行了大量的产品购销，如集团公司或其所属子公司向五粮液提供各类产品，包括酒瓶、酒盖、伏特加、葡萄酒、综合服务费、货物运输、资产租赁费、维修服务费、土地租赁及经营管理费等，总金额达到376 308万元②。

（5）高额派现。

上市公司派发现金股利，对于所有股东来说，是一种共享的投资回报。但在我国上市公司的股权高度集中的背景条件下，现金分红政策却被“异化”成大股东侵占中小股东的一种“利益输送”手段。控股股东操纵现金分红政策，以不符合公司所有股东利益的方式，择时发放高额的现金股利。在佛山照明高派现事件中，该上市公司一方面从1993年11月23日~2000年12月31日之间派发现金股利10亿元，另一方面又在IPO以后进行股票再融资，募集资金总额高达11亿元。1993年到2000年之间，第一大股东通过现金股利获得现金3亿

①② 资料来源：中国证监会，www. csrc. gov. cn.

元。类似的手法还有新兴铸管通过配股融资获得资金 47 894 万元，配股完成当年立即在年中和年末进行了两次高额的现金分红，总金额达到 49 973 万元，远远超出配股募集金额①。

(6) 虚增注入资产价值。

“资产注入”通常指上市公司的大股东、最终控制人或关联方将其控制的未上市的资产出售给上市公司。按照监管的原则，为了使注入的资产与上市公司现有的业务形成协同效应、减少大股东和上市公司的关联交易，从而提升上市公司的业绩，注入的资产应质量较高、盈利能力较强、与上市公司主营业务密切相关。由于我国特有的制度背景，在资产注入的过程中，大股东有着强烈的动机和能力虚增注入资产的价值，甚至注入与主营业部不相关的劣质资产，以实现向自身输送利益。如驰宏锌锗②实施定向增发股权再融资，上市公司大股东或关联方在定向增发前释放利空消息、长期停牌、选择有利的定价基准日等手段来操纵股价，在定向增发过程中注入劣质资产，并虚增注入资产价值（朱红军，何贤杰和陈信元，2008）。由于外部中小投资者对公司真实的资产收益状况不了解，大股东利用这一信息优势，将关联方的劣质资产注入上市公司。增发后又通过巨额分红，将募集资金转移到大股东口袋，以实现从上市公司向大股东输送利益的目的。

三、基于大小股东代理冲突下大股东参与定向增发利益输送的理论分析

我国上市公司的股权结构高度集中，大小股东代理问题非常严重，大股东可以凭借控制权优势通过各种方式侵占上市公司和中小股东的利益。

1. 定向增发中利益输送行为分析

国外的研究已证实上市公司进行定向增发过程中也存在控制性大股东侵占中小股东的利益，从而向自身输送利益的问题（Cronqvist and Nilsson，2005；

① 资料来源：中国证监会，www. csrc. gov. cn.

② 资料来源《驰宏锌锗定向增发中的“双重关联交易”》，http：//blog. sina. com. cn/s/blog_5401de67010127p5. html.

Beak, Kang and Lee, 2006)。我国是一个处在转型经济中的新兴国家，我国上市公司特殊的股权结构造成中小股东难以对大股东行为进行有效监督，尤其是在定向增发股权再融资过程中。同时，我国对中小投资者法律保护较差，缺乏相应的法律规范和监管机制约束大股东的机会主义行为。因此，在定向增发过程中，更容易产生大股东借助定向增发侵占上市公司和中小投资者利益的问题。

根据大股东参与定向增发长期市场反应和利益输送方式的相关分析可知，定向增发中大股东利益输送行为损害了上市公司及中小股东的利益，从而导致上市公司的长期累积超额收益率为负，且长期经营业绩下降（Beak, Kang and Lee, 2006；何丽梅和蔡宁，2009；章卫东和李海川，2009）。大股东可以采取各种各样的手段向自身输送利益。

依据定向增发的董事会决议公告日到正式实施定向增发，结合国内大股东利益输送行为的文献回顾，我们将其细分为如下三个阶段（如图 3 - 3 所示）：定向增发前、实际增发日、定向增发后。

由图 3 - 3 可知，大股东在实际增发前后可以通过各种手段向自身输送利益。在上市公司定向增发前，上市公司大股东计算发行底价的基准日可以为定向增发的董事会决议公告日、股东大会决议公告日、发行期的首日，他们会选择有利于节省认购成本的日期作为定价基准日，并通过打压基准日前的股价和长期停牌等手段，使增发价格降到最小，以便于大股东可以用相同的成本获取更高的持股比例（朱红军、何贤杰和陈信元，2008；吴育辉、吴世农和魏志华，2010；王志强、张玮婷和林丽芳，2010）。大股东可以通过注入资产认购定向增发股份，但是证券监管部门对注入资产的质量却没有规定，因此大股东注入劣质资产或与主营业务不相关的资产，并虚增资产的评估价值，这样使大股东的资产实现证券化，还可以获取更多的认购股份（张祥建和张鸣，2008；张鸣和郭思永，2009；章卫东和李海川，2010）。当上市公司向控股股东及其子公司定向增发收购其资产时，大股东在定向增发前进行负向盈余管理来降低上市公司业绩，从而降低发行价格，这样大股东可以以较低的价格购买同样多的股票，大大降低了认购股份的成本，而且进一步巩固其在公司中的控制权（章卫东，2010）。

大股东控制上市公司，其凭借控制权优势，无论是定向增发前还是定向增发后，大股东都有各种手段向自身输送利益（如图 3 - 3）。在上市公司定向增发前，大股东通过定价基准日的择时、打压基准日前的股价、长期停牌、注入劣质资产、虚增资产价值、盈余管理等方式向自身输送利益。然而，在上市公司定向增发后，大股东还可以通过投资净现值为负或零的项目、多元化投资转移资产、现金分红、资金占用、关联交易、过度担保、拖欠货款等方式向自身输送利益。但根据国内研究综述，目前国内对定向增发后伴随的利益输送问题研究较少。因此，本书将分别从定向增发后现金股利、资金占用、投资过度三个角度深入考察我国上市公司定向增发中伴随的利益输送问题，为我国监管机构制定抑制定向增发中利益输送问题的政策提供经验证据。

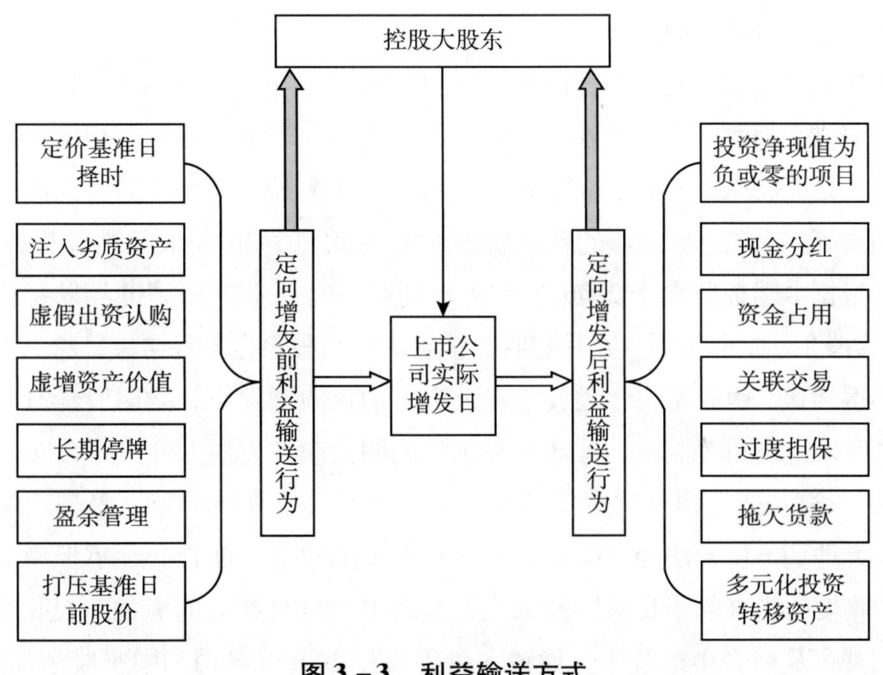

图 3-3 利益输送方式

2. 定向增发后现金分红、资金占用和投资过度的理论分析

控制权在大小股东代理冲突严重的国家具有较高的价值，为了防止控制权被稀释而减少了控制权收益，企业集团的大股东会选择私募增发而非公开增发来维持控制权（Cronqvist and Mattias，2005；Baek，Kang and Lee，2006）。我国部分上市公司股权结构高度集中，属于典型的大股东控制型公司。企业的财务决策和资源配置通常处于控股大股东的超强控制之下。大小股东之间存在严重的信息不对称，中小股东难以制约大股东的行为，使得在定向增发过程中大股

东能够有效控制定向增发价格的制定（通过选择有利于自身利益的增发时机，或通过故意长期停牌、股价操纵等）。虽然机构投资者有时参与认购定向增发股份，但由于折扣价发行能节省大股东和机构投资者的认购成本，对双方都有利，因此，机构投资者与大股东“合谋”是非常理性的选择。同时，现有的非公开发行制度对上市公司实施定向增发的信息披露要求比较低，证券监管部门对上市公司实施定向增发的审核程序非常简易，虽然这样做提高了发行效率，但降低了发行的透明度（张鸣和郭思永，2009）。加上我国中小投资者权益的法律保护体系不健全，缺乏相应的法律规范和监管制度制约大股东的机会主义行为。因此，在定向增发过程中，很容易产生大股东凭借控制权优势借助于定向增发侵害中小投资者利益的问题。

虽然我国完成了股权分置改革，实现了大股东和中小股东同股同权、同股同利，双方之间的利益开始趋于一致，大小股东代理冲突在一定程度上得到了缓解。但是大股东在参与定向增发后，其所持有股份不断增多，在高度集中的股权结构下，大股东有足够的动机和能力对上市公司和中小股东进行利益侵占。另外，根据中国证监会于 2006 年 5 月 8 日发布的《上市公司证券发行管理办法》，大股东、实际控制人及其控制的企业认购的股份自发行结束日起三十六个月内不得转让。也就是说，大股东在上市公司定向增发中认购的股份有利于其在较长时间内维持控制权。既然大股东认购的定向增发股票在三十六个月之后才能转让，在三十六个月的锁定期内，对于大股东、实际控制人及其控制的企业而言，他们不仅无法分享股票价格上涨带来的收益，而且必须承担锁定期内股票价格变化带来的市场风险和损失，那么出于自身利益的考虑，大股东有可能利用其在董事会中的权力，通过各种手段侵占上市公司和中小股东的利益，从而实现自身利益最大化。

（1）现金股利。

在大股东所持股份暂时不能在二级市场交易，在转移上市公司资源的其他方式受到愈加严格的市场监管和法律限制下，定向增发后派发现金分红表面上是一种合法的行为，控制权收益冲动会诱使大股东通过派发现金股利的方式向自身输送利益。定向增发完成后，大股东通过现金分红以变通的方式有效收回了部分甚至全部认购新股的成本，从而减少了锁定期内受股价变化带来的市场风险和损失。同时，在没有付出相应成本的情况下，还提高了大股东对上市公司的控制权地位。

（2）资金占用。

我国资本市场的发展历程使其具有一定的特殊性。为了配合经济体制改革，我国建立了股票市场，股票市场为国有企业提供了新的融资渠道，并为国有企业提供了建立现代企业制度的机会。因此，我国大部分上市公司是由原国有企业改制而来，原国有企业成为上市公司的控制人。同时，原国有大股东所持有的上市公司股票被人为划定为“非流通股”，其具有控股权但股份不能在市场上交易。上市公司与原国有企业并未完全独立，上市公司向原国有企业及其控制的企业购买商品或其他资产、接受原国有企业及其控制的企业的劳务、代理原国有企业及其控制的企业产品和服务，这些因素均导致上市公司成为付款方，而相反方向的交易则导致上市公司成为收款方。在国有股东没有其他收入来源，在原国有企业及其控制的企业面临生存困难时，加上“非流通股”致使国有大股东不能享有股票价格上涨的收益，直接占用上市公司资金就成为大股东维持原国有企业及其控制的企业的发展和获取投资回报的一种手段。随着股票发行制度的进步和民营经济日益受到重视，民营上市公司的数量不断增加。我国民营上市公司多数受个人或者家族成员控股。他们为了实现自身利益最大化，也会侵占上市公司的资金。

（3）投资过度。

大小股东之间的利益冲突会使上市公司发生投资过度的行为。大股东凭借持有的股份直接主导企业投资决策和影响资本投资行为，为其侵占上市公司和中小股东利益提供了可能。投资资金或募集资金的滥用以及不正当关联交易是大股东侵占上市公司和中小股东获取私人收益的主要方式。大股东可以凭借控制权优势，使上市公司投资于一个净现值为负或零的项目。在没有相关法律制约的情况下，即使对上市公司而言，项目的净现值为负，但只要大股东可以从该项目中获取的收益大于其按持股比例承担的损失，那么大股东就会执行该项目。我国上市公司大部分由国有股东、个人或者家族成员控股，大小股东的代理问题和利益冲突非常严重。加上我国上市公司的股权再融资成本较低，因而对通过股权再融资募集资金的投资项目进行评估时，要求的折现率也很低，上市公司的大股东有无限的动力通过股权再融资募集资金，进行大规模的过度投资。通常，上市公司进行定向增发融资是为了新项目或扩大企业规模筹资，以获得大量资金支持。但定向增发后大股东持有股份不断增多，高度集中的股权使大股东有足够的动机和能力，实施有利于自身利益的投资以构建控制性资源，攫取控制权私有收益。

第三节 本章小结

本章首先简要分析了中国定向增发现状（中国定向增发股权再融资的政策演变、定向增发与其他股权再融资方式的政策比较、定向增发股权再融资的目的和定向增发股权再融资发展的现状），并从定向增发长期市场反应、利益输送方式及基于大小股东代理冲突下大股东参与定向增发利益输送的理论框架对定向增发经济后果及定向增发中的利益输送行为进行了系统、深入的理论剖析。

首先，本章从中国上市公司定向增发出发，相续探讨了中国定向增发股权再融资的政策演变、定向增发与其他股权再融资方式的政策比较、定向增发股权再融资的目的和定向增发股权再融资发展的现状。探讨中发现，根据相关数据统计显示，2006 年 5 月 8 日至 2011 年 12 月 31 日，我国上市公司以配股、公开增发新股和定向增发三种方式总共进行了 893 次股权再融资，再融资额共计 1 349 089亿元。其中，590 家上市公司实施定向增发股权再融资，占全部股权再融资股份的 73%，定向增发募集资金 1 344 752. 68 亿元，占全部股权再融资额的 99. 68%①，可见上市公司对定向增发的青睐，其成为股权分置改革之后我国上市公司股权再融资的最主要方式之一。

其次，对大股东参与定向增发长期市场反应进行了理论分析。研究发现，国外关于定向增发的长期市场反应大多显著为负的理论假说主要有 4 种，分别是投资者过度乐观假说、防御假说、盈余管理的反转假说和利益输送假说。无论是国外还是国内的研究都证实定向增发后公司的长期回报率下滑、长期经营业绩下降。笔者使用 2006 ~ 2010 年的实施定向增发公司的数据为样本，对定向

① 资料来源：Wind 数据库。

增发后的长期经营业绩也进行了研究，并得出了一致的结论。这说明上市公司大股东参与认购定向增发股份，并没有起到提高资产质量、改善财务状况和保护中小股东利益的目的。相反，大股东在定向增发过程中通过各种手段向自身输送利益，侵占了上市公司和中小股东的利益，从而导致定向增发之后公司的长期经营业绩下降。

再次，对利益输送方式进行了分析。我国上市公司大股东利益输送的行为有以下几种：控股股东虚假出资、直接侵占、挪用公司资金、过度担保或抵押、非公允的关联购销、高额派现、虚增注入资产价值。

最后，本章还对大小股东代理冲突下大股东参与定向增发利益输送进行了梳理与分析。定向增发中的利益输送行为分为定向增发前的利益输送行为和定向增发后的利益输送行为。定向增发前的利益输送行为包括：定价基准日的择时、打压基准日前的股价、长期停牌、注入劣质资产、虚增资产价值、盈余管理等。定向增发后的利益输送行为包括：投资净现值为负或零的项目、多元化投资转移资产、现金分红、资金占用、关联交易、过度担保、拖欠货款等。基于大股东代理冲突下大股东参与定向增发利益输送行为的分析，本书主要从定向增发后现金分红、资金占用和投资过度三个视角考察定向增发中伴随的利益输送问题，并进行了分析。

第四章 定向增发、现金分红与利益输送的研究

本章是研究的第一步，在第三章对中国定向增发现状、定向增发长期市场反应及其影响长期市场反应欠佳的主要因素进行归纳与分析的基础上，以我国高度集中的股权结构为背景，基于利益输送理论和大小股东代理冲突下大股东参与定向增发利益输送提出了研究假设，从现金分红的角度对我国上市公司定向增发后的利益输送问题进行了实证研究。

第一节　问题的提出

定向增发，也称非公开发行，指上市公司采用非公开发行方式向特定对象发行股票的行为。作为一种灵活和富有弹性的融资方式，定向增发无疑非常有利于资本市场资源配置功能的发挥，该融资方式在 20 世纪 90 年代以后的美国、英国等发达国家证券市场广泛流行。2006 年 5 月 8 日，中国证监会发布了《上市公司证券发行管理办法》，奠定了中国定向增发的制度基础，定向增发正式成为中国资本市场的一种股权再融资方式。如今定向增发在我国迅速发展，已超过配股和公开增发，成为我国上市公司股权再融资的最主要方式之一。

虽然定向增发是一种流行的股权再融资方式，但定向增发对增发对象和增发股份流通方面存在严格限制，致使控股股东及实际控制人等典型增发对象，在较长的股票限售期内，容易遭受股价波动带来的市场风险与损失。因此，控股股东等增发对象存在通过多种途径寻求额外利益补偿市场风险与损失的内在动机。最近，国外的研究已经证实定向增发中确实存在明显的利益输送行为（Cronqvist and Nilsson，2005；Baek，Kang and Lee，2006）。克朗奎斯特和尼尔森（2005）实证研究发现家族控制企业为了避免控制权被稀释，更倾向于向控制家族定向增发。贝克、康和李（2006）发现由韩国家族企业控制的集团公司之间频繁利用定向增发进行利益输送。定向增发在我国尚处于成长阶段，法律规范和监管、审核政策及制度还不健全，给我国上市公司通过定向增发进行利益输送提供了空间。另外，我国上市公司集中的股权结构也为定向增发对象规避增发风险和寻求额外利益补偿提供了制度基础，这些因素一定程度上导致我国上市公司定向增发中的利益输送问题比其他国家更加严重。

“利益输送”是指上市公司的控股股东为了个人私利将企业的资产和利润转移出去，构成了对小股东或外部人利益的侵占行为（Johnson et al.，2000）。国外的研究表明现金股利能起到缓解大股东与中小股东之间的代理问题的作用（Faccio，Lang and Young，2001；Klaus and Yurtoglu，2003）。但是，我国相关法律法规尚不健全，内部股东在一定程度上可以利用现金分红来侵占中小股东的利益。国内已有研究证实，在我国现金分红被“异化”成大股东侵占中小股东的一种“利益输送”手段（原红旗，2001；Lee and Xiao，2002；Chen，Jian and Wong，2003；陈信元，陈冬华和时旭，2003；肖珉，2005；吕长江和周县华，2005；邓建平，曾勇和何佳，2007；王化成，李春玲和卢闯，2007；许文彬和刘猛，2009）。通常，上市公司进行融资是为了新项目或扩大企业规模筹资，以获得大量资金支持，但在国内，中国上市公司存在强烈的股权融资偏好（黄少安和张岗，2001；陆正飞和叶康涛，2004），上市公司股权再融资成为控股股东获得私利的重要工具，股权再融资后大股东常常通过派发现金股利侵占中小股东的利益（刘力，王汀汀和王震，2003；张祥建和徐晋，2005；于静，陈工孟和孙彬，2010）。

上市公司在当年度刚完成定向增发股权再融资后，立即以现金股利的方式将公司可用资金较大比例的转移出上市公司，从而弱化上市公司支持新项目或扩大经营规模的资金支持能力。一方面，这一行为对上市公司未来的投资机会形成了损害，与定向增发再融资行为的预设目的存在冲突。这似乎难以从公司正常的融资决策角度加以解释。另一方面，既然有如此多的现金可以用来分红，为何还要向大股东进行定向再融资呢？这使得我们有理由怀疑部分上市公司进行定向增发的真实动机并不是或者不全是为了新项目或扩大规模而筹资，他们只是通过定向增发这种股权融资方式来进行利益输送或者提高参与定向增发的大股东对公司的实际控制权和剩余索取权。定向增发可能与随后进行的现金分红相互配合，或者上市公司控制人为了特定目的对定向增发和现金分红进行了某种统筹考虑，这一行为组合使上市公司的利益分享对控股股东更为有利。

国内已有研究表明上市公司在定向增发过程中通过低价向控股股东增发股份、控股股东向上市公司注入劣质资产或与主营业务关联度较低的资产、上市公司以较高价格收购控股股东资产换取定向增发股份等方式向控股股东进行利益输送（朱红军、何贤杰和陈信元，2008；王志强、张玮婷和林丽芳，2010；张祥建和张鸣，2008；张鸣和郭思永，2009；章卫东和李海川，2010；章卫东，2010）。在定向增发后立即进行现金分红，控股股东先用现金或资产认购增发股份，提高自己的控股比例，然后又通过现金分红将既有现金流作为投资收益返还给自己，既增加了控制权，又没有付出对等的代价。由于定向增发绝大多数是折价向大股东或机构发行，大股东和机构的持股比例增大，而小股东的持股比例不变，小股东在此过程中每股净资产被稀释；同时，定向增发后当年的现金分红按增发后的持股比例进行，在可分配利润总额或现金流没有较大变化的情况下，小股东所得份额显著减少，这是对小股东利益的挤占。从另一个角度讲，即使定向增持伴随一定的锁定期风险，其增持部分的风险理应由上市公司未来的投资收益进行补偿。因为剩余索取权的基础是企业经营利润，定向增发后立即进行现金分红是违背这一基准的，上市公司既有现金流肯定不是新增持股份引入的投资所带来的产出收益。因而，在定向增发当年利用既有现金流对这部分增持股份进行风险补偿，让没有带来实际产出或现期单位资产增值（如溢价发行等）的股份参与利益的分享，这本身就是一种利益输送，其实质就是对小股东利益的一种侵占。

本章在以下几个方面丰富了现有文献：第一，本章为定向增发后现金分红中的利益输送存在性问题提供了具有普遍意义的实证研究结论。朱红军、何贤杰和陈信元（2008）以驰宏锌锗[①]为个案，研究了定向增发时大股东和中小股东之间的利益协同问题，该论文在部分内容上描述了案例公司低价定向增发配合高额分红实现利益输送的现象。而本章从大样本的研究角度，证实了在我国市场上，定向增发后大股东具有通过现金分红向自身输送利益、从而侵害中小股东利益的普遍行为特征。当然，针对某一具体公司而言不一定必然成立。第二，本章侧重于从定向增发完成后的视角分析利益输送问题。现有文献主要集中于研究定向增发过程前或增发过程中的高折价发行、长期停牌、注入劣质资产以及盈余管理方式，验证定向增发中利益输送行为问题。而本章是从定向增发完成后，派发现金股利的角度研究大股东利益输送的问题。第三，本章丰富了股权再融资中利益输送问题的研究文献和方法。本章研究证实定向增发股权再融

① 资料来源：《驰宏锌锗定向增发中的“双重关联交易”》，http：//blog. sina. com. cn/s/blog_5401de67010127p5. html.

资方式成为控股股东获得私利的一种新工具，定向增发股权再融资后大股东会通过派发现金股利侵占中小股东的利益。这丰富了股权再融资中利益输送问题的研究。另外，本章运用双重差分法，研究上市公司定向增发前后现金分红的差异，从而更好地揭示我国部分上市公司定向增发后大股东通过现金分红向自身输送利益，侵害中小股东利益这一现象。这也是一种研究方法上的尝试。

本章余下内容安排如下：第二部分理论分析与研究假设；第三部分是计量方法、数据和变量选择；第四部分是实证结果与分析；第五部分对本章进行小结。

第二节　理论分析与研究假设

拉波塔、洛佩兹德西兰和施莱弗（1999）开创性的研究发现，除了英国、美国之外，股权集中现象在世界范围内普遍存在。虽然股权高度集中在一定程度上避免了股权分散条件下股东与管理层之间的代理问题，但却增强了控股大股东谋取控制权私利的能力，从而产生了控股大股东对中小股东利益侵占的代理问题（Shleifer and Vishny，1997）。约翰逊等（2000）将大股东对中小股东利益侵占的行为形象地描述为“利益输送”或“掏空”。国外现有的文献分别从股利政策（La Porta et al.，2000；Faccio，Lang and Young，2001）、盈余管理（Leuz，Nanda and Wysocki，2003）、关联交易（Bertrand，Mehta and Mullainathan，2002；Bae，Kang and Kim，2002；Cheung，Rau and Stouraitis，2006；Cheung，et al.，2009）和债务融资（Faccio，Lang and Young，2003；Aslan and Kumar，2008）等角度研究了控股大股东的利益输送问题。与此同时，部分学者研究发现上市公司进行定向增发新股过程中也存在控制性大股东侵占中小股东的利益，从而向自身输送利益的问题。克朗奎斯特和尼尔森（2005）实证研究了控制权对瑞典企业再融资方式的影响，结果表明家族控制企业为了避免控制权被稀释，更倾向于向控制家族定向增发或者向新股东发行投票权较低的股票。贝克、康和李（2006）分析了韩国企业集团利用定向增发进行利益输送的问题，其结论证实了韩国控股股东确实存在通过定向增发进行利益输送的行为。

我国的证券市场是伴随着国有企业改制发展起来的，上市公司的股权普遍集中，形成了控股大股东和中小股东并存的格局。同时，我国资本市场对相关投资者法律保护不健全，行业自律性较差，导致控股大股东与小股东之间的代理问题更加严重。该现象引起了理论界的关注，国内外学者分别从现金股利（原红旗，2001；Lee and Xiao，2002；Chen，Jian and Wong，2003；陈信元、陈冬华和时旭，2003；肖珉，2005；吕长江和周县华，2005；邓建平、曾勇和何佳，2007；王化成、李春玲和卢闯，2007；许文彬和刘猛，2009）、关联交易（李增泉、余谦和王晓坤，2005）和资金占用（李增泉、孙铮和王志伟，2004；高雷、王家棋和宋顺林，2007）等方式研究了控股大股东的利益输送问题，并对定向增发中的控股股东代理问题以及利益输送问题进行了相关研究，体现为：（1）定向增发中利用高比例折价方式进行利益输送的问题。这些研究表明增发价格与增发对象身份和大股东持股比例密切相关（章卫东和李德忠，2008；王志强、张玮婷和林丽芳，2010）。（2）控股股东在定向增发前通过时机选择和停牌操控来锁定较低的增发价格进行利益输送的问题。控股股东通过定向增发前的长期停牌，打压基准日前的股价，以较低的增发价格向自身或关联方增发，最终实现向控股股东输送利益（朱红军、何贤杰和陈信元，2008；吴育辉、吴世农和魏志华，2010）。（3）从注入不良资产和盈余管理角度研究定向增发中的利益输送。国内学者研究发现，我国上市公司存在利用注入不良资产、盈余管理和财富转移等方式进行利益输送的问题（张祥建和张鸣，2008；张鸣和郭思永，2009；章卫东和李海川，2010；章卫东，2010；王志强，张玮婷和林丽芳，2010）。（4）定向增发过程中大股东和中小股东之间的利益协同问题。朱红军、何贤杰和陈信元（2008）以驰宏锌锗为个案，研究了定向增发时大股东和中小股东之间的利益协同问题，该论文在部分内容上描述了案例公司低价定向增发配合高额分红实现利益输送的现象。

总体来看，国内对定向增发中利益输送行为的研究主要集中于定向增发过程中的高折价发行、长期停牌、注入劣质资产以及盈余管理等方式向定向增持方进行利益输送，但没有从定向增发后现金分红的视角考察定向增发伴随的利益输送问题。因此，需要对我国上市公司利用定向增发后现金分红进行利益输送问题进行深入研究，为我国监管机构制定抑制定向增发中利益输送问题的政策提供经验证据。

一、定向增发影响现金分红的理论分析

法乔、郎和杨（Faccio，Lang and Young，2001）、克劳斯和尤托格鲁（Klaus and Yurtoglu，2003）分别利用东亚与西欧样本进行研究，发现现金股利起到了缓解大股东与中小股东的代理问题的作用。在经济发达国家，由于投资者保护的法律和监督机制非常完善，中小股东能够迫使公司在缺乏有利可图的投资项目时“吐出”自由现金流量，实现利益共享（Johnson et al.，2000）。但是，我国投资者法律保护尚不健全，内部股东可以通过派发现金股利来减少自由现金流量，挤占外部股东的利益。国内的相关研究已经证实，对于我国上市公司而言，现金股利政策并不能让各类投资者进行公平的利益共享，股权再融资后大股东经常会通过派发现金股利侵占中小股东的利益（原红旗，2001；Lee and Xiao，2002；Chen，Jian and Wong，2003；陈信元、陈冬华和时旭，2003；肖珉，2005；吕长江和周县华，2005；邓建平、曾勇和何佳，2007；王化成、李春玲和卢闯，2007；许文彬和刘猛，2009；刘力、王汀汀和王震，2003；张祥建和徐晋，2005；于静、陈工孟和孙彬，2010）。控股股东逐利的市场本性决定了他会利用一切可以利用的机会为自己寻求最大利益。定向增发的成功实施会影响上市公司现金分红策略的原因主要有三个方面。

一是与其他融资方式相比，定向增发完成后进行现金分红，可以在不影响中小股东行为模式的情况下，为大股东攫取更大的利益。大股东等内部投资者的收益要受到市场反应的影响。相对于可比公司而言，定向增发公司在成长性、盈利能力以及经营状况等方面往往更占优势，定向增发公司或多或少会持有部分优质资产，这样提高控股比例在长期和短期内都能获得更大收益。在长期内，由于股份占比的提高，可以分享的收益更多；在短期内，通过现金分红获得的额外补偿更多。而且外部投资者的行为模式不会发生较大变化，市场反应对内部投资者更为有利。而公开募集资金的方式，则使这种补偿和远期收益更多地被市场所分享，同时外部投资者的行为也容易发生变化，市场反应的不确定性增加，内部投资者收益的不确定性就会增加。

二是定向增发后当年通过现金分红方式进行利益输送更加隐蔽，中小股东的接受度也相对较高。上市公司定向增发完成当年立即以现金股利的形式分配利润给所有股东时，现金股利表面看来是一种共享收益，具有合法化外衣，慷慨的现金股利政策使得不同的投资者都获得了投资报酬。大股东通过现金或资产认购增发股份，然后又通过现金分红作为投资收益返还给自己。现金股利按比例分红，大股东和中小股东都获得了投资回报。大股东在没有投入大量资金成本的情况下，提高了对公司的控股比例，增加了控制权。对于小股东而言，他们希望自己所投资的股票每年都有回报，即使现金股利使得大股东获得了大量的现金，但是相对留存收益被攫取而言，至少小股东们不会一无所获（Gordon，1961）。鉴于市场对派发股利即等于公司绩效良好的表现，派发股利的公司能够给中小投资者以良好印象。因此，当控股股东能决定分配股利的方案时，采取现金分红的方式攫取控制权私利还兼具了树立公司良好形象的作用。

三是相对其他融资方式，定向增发发行成本较低，受到的制约因素较少，上市公司大股东具有较大的自由度，给利用现金分红进行利益输送预留了较大的空间。我国定向增发再融资方式，不需要上市公司具备连续三年盈利等硬性要求，对其财务和市场状况没有太多的限制，不需要如同公开募集方式那样付出较高的融资费用。同时，控股股东的支付方式相对灵活，可以选择资产注入、资产置换以及现金等支付方式。在现金流的调配上也没有相应的限制。比如，已有研究证实，定向增发前一年，上市公司通常会进行盈余管理（章卫东，2010），将前一年甚至几年的留成收益放在定向增发完成后发放，从而直接提高了控股股东的分享比例。

当然，对于中小股东而言，理论上存在一种自我学习机制，即在长期内中小股东肯定能通过学习和研究发现控股股东的这些损害自身权益的利益输送伎俩。但为什么中小股东发现这种利益输送后还愿意持有上市公司的股份而不是大规模抛售呢？我们知道，如果大规模抛售发生，那么控股股东就会预期到他的利益在长期内将受到较大的损害，从而减少侵占中小股东权益的利益输送行为，最终使大股东和中小股东形成一种使中小股东利益损失更少的博弈均衡。但在我国特有的市场背景下，抛售实际上是一种“空洞”的威胁。理由有四：第一，当这种利益输送成为市场普遍行为后，单个中小股东不是在与某个具体的上市公司博弈，而是与整个市场，他没有更好的选择，唯一的选择就是离开这个市场，这样做他什么也得不到。第二，中小股东更多地关注短期利益。上市公司定向增发后的现金分红对中小股东而言，有总比没有好，即使预期到上市公司定向增发后大股东会利用现金分红向自身输送利益，也会继续持有手中的股份。定向增发后的现金分红虽然对中小股东的利益有侵害，但至少不是让中小股东颗粒无收。第三，示范效应使中小股东对资本利得存在较强预期。对中小股东而言，其投资收益更多地依靠二级市场上的买卖价差来实现。大股东的定向增持使市场相信控股股东对上市公司的前景看好。这一示范效应更让中小股东对公司未来的股价上扬充满预期，至少使定向增发和现金分红后股票的抛售动力不会很明显。第四，学习机制的实际效果更依赖于市场条件的好坏，特别是市场公开透明的程度。我国上市公司独特的治理结构使得信息的不对称程度更为严重，导致投资者的学习机制失灵（翟林瑜，2004）。相对于大股东参与定向增发而言，机构投资者参与认购增发的价格更高。他们在新股的盈利性方面无硬性保障，而且还需要付出一定的非流动性成本。另外，由于机构投资者持有的股份大多属于社会公众股，他们面临基金持有人要求分红的压力，使其对现金的渴求要强于普通社会公众股股东，尤其在熊市中更希望立即获得现金分红以缓解股票被套所带来的现金流压力。因此，他们对定向增发后的现金分红在态度上与大股东一致。

因此，在逐利本性的使然下，上市公司大股东必然会更多地利用定向增发的便利条件，配合定向增发后的现金分红方式获取更多的利益①。我们提出如下假设：

假设 4. 1：相对于没有实施任何再融资方式的公司而言，实施定向增发的公司在增发后会派发更多的现金股利。

二、大股东参与定向增发影响现金分红的理论分析

控制权在控股大股东代理问题严重的国家具有较高的价值，家族企业的大股东为了维持控制权利益，为了防止控制权被稀释，会选择私募增发而非公开

① 一般意义上的定向增发对象为控股股东，即大股东。

增发来维持控制权，防止外部人股权增加（Cronqvist and Nilsson，2005；Baek，Kang and Lee，2006）。我国上市公司最为重要的特征是股权高度集中，中小股东难以对大股东行为进行有效监督，大股东能够控制定向增发价格的制定和选择增发时机。虽然机构投资者有时作为特定增发对象参与其中，但由于折价发行对机构投资者和大股东都有利，他们与大股东“合谋”是理性的选择。同时，我国对中小投资者的法律保护较差，缺乏相应的法律规范和监管机制约束大股东的机会主义行为。因此，在定向增发中，很容易产生大股东借助于定向增发侵占中小投资者利益的问题。现有研究表明，控股大股东会通过高比例折价率、长期停牌、注入不良资产、盈余管理等方式向自身进行利益输送（朱红军、何贤杰和陈信元，2008；王志强、张玮婷和林丽芳，2010；张祥建和张鸣，2008；张鸣和郭思永，2009；章卫东和李海川，2010；章卫东，2010）。

虽然我国上市公司通过股权分置改革，实现了大股东和小股东同股同权，两者的利益开始趋于一致，大股东侵占小股东利益的行为在一定程度上得到了缓解。但是大股东在参与定向增发后，所持有股份不断增多，在高度集中的股权结构下，大股东有着足够的动机和能力要求公司发放更多的现金股利，即大股东有攫取公司利益的动机和途径。由于大股东购买的定向增发股票存在 3 年的锁定期限制，锁定期越长，风险越大，尤其对控股股东及实际控制人而言，他们无法分享股票价格上涨带来的收益，而且还要承担限售期内股价波动带来的市场风险。在大股东所持股份暂时不能够上市流通、在转移公司资源的其他方式受到愈加严格的市场监管和法律限制的条件下，由于定向增发后的现金分红仍属于合法的范围，控制权与私利冲动就会诱导大股东选择以派发现金股利的方式对中小股东进行掠夺。通过定向增发后的现金分红，大股东以变通的方式有效收回了部分甚至全部股权成本，降低了锁定期遭受股价波动带来的市场风险与损失，在没有付出相应成本的情况下，还加强了对公司的控制权。而没有大股东参与的定向增发公司，由于增持方不具备较大的控制权，所以对定向增发后现金股利的发放影响较小。我们提出如下假设：

假设 4.2：相对于大股东未参与定向增发的公司，大股东参与定向增发的公司在增发后会派发更高的现金股利。

第三节　计量方法、数据和变量选择

一、样本的选取和数据来源

1. 研究样本选择

本章以2006年5月8日至2009年12月31日我国定向增发新股"最热"的年度进行定向增发的A股上市公司为观察样本，采用可比公司法以检验中国上市公司定向增发与增发后现金分红的关系。为了避免公司IPO、多次配股、公开增发新股、发行可转债，以及在样本期间内多次进行定向增发新股等因素的影响，本书根据以下条件筛选研究样本：（1）不属于B股公司增发A股、A股公司增发H股以及H股公司增发A股的公司；（2）不属于金融类上市公司进行定向增发新股的公司；（3）在定向增发前后3年未进行定向增发的公司；（4）在定向增发前后3年（包括定向增发当年）未进行配股、公开增发新股和发行可转债的公司。最后获得221家定向增发公司作为最终样本，数据来自CSMAR数据库和Wind数据库。

2. 可比公司的选取

为了说明上市公司现金分红的变化是由于定向增发或大股东参与增发这一事件引起的，本章为上述研究样本逐一寻找相应的可比样本，以尽可能排除其他事件或因素的影响。在选可比公司时以上市公司定向增发前一年为基准点，可比公司的要求如下：（1）除了满足研究样本选取的条件外，还要在样本期间没有进行定向增发、IPO、配股、公开增发新股和发行可转债等股权再融资方式的公司[①]，并没被特别处理（special treatment，ST）、特别转让（particular trans-

① 上市公司再融资是控股股东利用获得私利的重要工具，股权再融资后大股东会通过派发现金股利侵占中小股东的利益。因此本书选取没有实施任何股权再融资方式的公司做可比样本，从而观察采取定向增发这种股权再融资方式对现金分红的影响，使本文的结果更有说服力。

fer，PT）的公司；（2）与样本公司在同一行业，资产规模在样本公司资产规模20%～200%的范围，再选取盈利能力（息税前利润与总资产的比值）最相近的公司作为对照组样本；（3）如果用第二条找不到合适的可比样本，则不考虑行业因素，直接选取资产规模在定向增发公司资产规模70%～120%的范围内，与样本公司盈利能力（息税前利润与总资产的比值）最相近的公司作为对照组样本。

根据上述标准，2006年5月8日至2009年12月31日共有438家公司。剔除了缺失值和极端值，删除了各相关变量位于样本两端5%的观测值，最终得到样本公司415家，其中定向增发公司221家和可比公司194家①（如表4－1所示）。

表4－1　　研究样本和可比样本情况

年度	研究样本	可比样本
2006	24	24
2007	72	72
2008	69	69
2009	56	56
合计	221	221

二、模型设定和变量

双重差分模型已经被广泛运用于检验政策改革的冲击和效果，比如税收法案（Guber and Poterba，1994；Maki，2001）、残疾人及童工劳动法案（Gruber，2000；Jolls，2004）、欧洲酒后驾驶法案（Albalate，2008）等。国内学者也采用该方法分析农村费税改革（周黎安和陈烨，2005）、地区放权的经济效率（史宇鹏和周黎安，2007）和增值税转型政策的经济效应（聂辉华、方明月和李涛，2009）。

我国定向增发在年度上是逐步进行的（如表4－2），一方面定向增发融资制造了同一个上市公司在定向增发前后派发现金股利的差异，另一方面又制造了

① 在选取可比公司的过程中，有些样本公司的可比公司是相同的，可比公司相同的有27家。

在同一时点上实施定向增发和没有实施定向增发公司①的差异，从而类似于“自然实验”，将实施定向增发的公司视为“处理组（treatment group）”，未实施定向增发的公司视为“控制组（control group）”。因此，构建检验假设4.1的计量模型如下：

表4－2　　上市公司定向增发年度分布情况

分类	2006年	2007年	2008年	2009年
大股东参与	13	42	53	34
未参与	11	30	16	22
总计	24	72	69	56

$$Dps_{it}(Dpsjzc_{it}) = \beta_0 + \beta_1 pp_{it} + \beta_2 X_{it} + \mu_t + \alpha_i + \varepsilon_{it} \quad (4.1)$$

方程（4.1）中，Dps是公司每股现金股利，Dpsjzc是公司的股利发放率。pp是哑变量，如果上市公司实施了定向增发则等于1，否则等于0。

X表示其他还会影响公司每股现金股利和股利发放率的控制向量，包括公司规模（size）、资本结构（lev）、盈利能力（roa）、成长机会（growth）、股权制衡（lc5）等。μ_t是表示时间的虚拟变量，它包括：定向增发当年（$year_0$），若定向增发当年取“1”，否则取“0”；定向增发第一年（$year_1$），若定向增发后第一年取“1”，否则取“0”；定向增发第二年（$year_2$），若定向增发第二年取“1”，否则取“0”；定向增发第三年（$year_3$），若定向增发后第三年取“1”，否则取“0”。α_i表示个体i不随时间而变化的特征。

同理，为了检验假设4.2，设定待检验的方程为②：

$$Dps_{it}(Dpsjzc_{it}) = \beta_0 + \beta_1 participate_{it} + \beta_2 X_{it} + \mu_t + \alpha_i + \varepsilon_{it} \quad (4.2)$$

方程（4.2）中除participate外，其他变量与方程（4.1）相同。participate

① 没有实施任何股权再融资方式的公司。上市公司再融资是控股股东利用获得私利的重要工具，股权再融资后大股东会通过派发现金股利侵占中小股东的利益。因此选取没有实施任何股权再融资方式的公司为“控制组”，从而观察定向增发公司（处理组）对现金分红的影响，使本书的结果更有说服力。

② 此处也使用双重差分（difference in difference，DID）的计量方法，主要基于几个方面的考虑：首先，我国定向增发在年度上是逐步进行的，大股东参与定向增发，这样大股东参与定向增发在年度上也是逐步进行的；其次，大股东参与定向增发一方面制造了同一个上市公司在大股东参与定向增发前后公司治理基础的差异，另外一方面又制造了在同一时点上大股东未参与定向增发和大股东参与定向增发上市公司之间的差异，进而可以识别出该事件的经济效果；最后，双重差分方法能够更好地反映大股东参与定向增发的变化。

是虚拟变量，如果大股东参与定向增发，则 participate 等于 1，否则等于 0。μ_t 是表示时间的虚拟变量，它包括：大股东参与当年（$year_0$），若大股东参与当年取“1”，否则取“0”；大股东参与第一年（$year_1$），若大股东参与后第一年取“1”，否则取“0”；大股东参与第二年（$year_2$），若大股东参与后第二年取“1”，否则取“0”；大股东参与第三年（$year_3$），若大股东参与后第三年取“1”，否则取“0”。α_i 表示个体 i 不随时间而变化的特征。

各变量具体定义如表 4－3 所示。

表 4－3　　变量定义及解释

主要变量	名称	解释
现金股利	Dps	每股现金股利
股利发放率	Dpsjzc	每股现金股利与每股净资产之比
定向增发哑变量	pp	若公司进行定向增发或者已经完成定向增发，则取“1”，否则取“0”
大股东参与哑变量	participate	若大股东参与定向增发或者大股东参与定向增发已经完成，则取“1”，否则取“0”
定向增发或大股东参与当年	$year_0$	定向增发或大股东参与当年取“1”，否则取“0”
定向增发或大股东参与第一年	$year_1$	定向增发或大股东参与后第一年取“1”，否则取“0”
定向增发或大股东参与第二年	$year_2$	定向增发或大股东参与后第二年取“1”，否则取“0”
定向增发或大股东参与第三年	$year_3$	定向增发或大股东参与后第三年取“1”，否则取“0”
控制变量	名称	解释
公司规模	size	上市公司年末总股本资产取自然对数
财务杠杆	lev	上市公司年末总负债/年末总资产
总资产收益率	roa	年末公司利润/年末总资产
股利的持续性	qdps	公司上一年每股现金股利
公司成长机会	growth	企业上一年总资产增长额同年初资产总额的比率：（上市公司本年末营业收入－上市公司上年末营业收入）/上市公司上年末营业收入

续表

控制变量	名称	解释
股权制衡度	lc5	(前五大股东持股比例之和 - 第一大股东持股比例)/第一大股东持股比例
资金营运能力	cash	公司上一年每股经营性现金流
公司获取利润的能力	eps	上一年公司税后净利润与总股本的比率

三、描述性统计特征

表4-4是对主要变量的描述性统计。从表4-4可以看出，样本公司派发每股现金股利的均值为0.0753元，派发每股现金股利最大值为1.8680元，最小值为0元；而现金股利发放率均值为0.0226，最大值为0.534，最小值为0。这表明公司之间派发现金股利存在较大差异，有的公司派发现金股利非常高，而有些公司几乎不派发现金股利。样本公司的定向增发（pp）的均值为0.202，表明公司完成定向增发在全样本中所占比例平均为20.2%。大股东参与定向增发participate的均值为0.2353，表明大股东参与定向增发公司在全样本中所占比例平均为23.53%。这些表明，定向增发后公司派发非常多的现金股利，尤其是大股东参与定向增发的公司派发了更多的现金股利。

表4-4　主要变量的描述性统计

变量	N	均值	标准差	中位数	最小值	最大值
Dps	415	0.0753	0.138	0.0100	0	1.868
Dpsjzc	415	0.0226	0.0404	0.0028	0	0.534
pp	415	0.202	0.402	0	0	1
participate	415	0.2353	0.4243	0	0	1
size	415	19.67	0.754	19.57	17.99	23.77
lev	415	0.528	0.198	0.532	0.0183	1.939
roa	415	0.0256	0.0986	0.0284	-2.7463	0.5235
qdps	415	0.0758	0.129	0.0177	0	1.672
growth	415	0.781	0.733	0.616	0	10.18

续表

变量	N	均值	标准差	中位数	最小值	最大值
lc5	415	0.186	0.126	0.164	0.0002	0.572
cash	415	0.0884	0.630	0.0248	-4.165	4.847
eps	415	0.194	0.418	0.156	-3.007	3.700

第四节　实证结果与分析

一、单变量分析

1. 股利支付 Dps 与股利发放率 Dpsjzc：定向增发公司和可比公司

表 4-5 列示了定向增发前后公司的股利支付 Dps 和股利发放率 Dpsjzc 的变化情况。由表 4-5 可知：

表 4-5　　定向增发公司与可比公司

分类	Dps 均值			Dpsjzc 均值		
	增发之前(-2~-1)	增发之后(1~2)	差异	增发之前(-2~-1)	增发之后(1~2)	差异
定向增发公司	0.0618	0.1125	-0.0507*** (-4.220)	0.0165	0.0319	-0.0154*** (-4.478)
可比公司	0.0630	0.0704	-0.0074 (-0.635)	0.0180	0.0209	-0.0029 (-0.9245)
差异	-0.0012 (0.119)	0.0421*** (3.086)	-0.0433*** (-2.784)	-0.0015 (-0.632)	0.0110*** (2.691)	-0.0125*** (-2.846)

注：括号中的数值为 t 统计量。*、** 和 *** 分别表示 10%、5% 和 1% 的显著性水平。

首先，定向增发前2年公司的每股股利Dps均值为0.0618元，而定向增发之后2年Dps均值为0.1125元，两者差异在统计上显著（t=-4.220）；增发前2年公司的股利发放率均值为0.0165，增发后2年公司的股利发放率均值为0.0319，两者差异在统计上也显著（t=-4.478），说明这些公司在定向增发前后派发现金股利存在显著差异，上市公司完成定向增发后派发现金股利比增发前派发的现金股利多。而对于没有实施任何再融资方式的可比公司，前2年和后2年的Dps均值分别为0.0630元和0.0704元，Dpsjzc均值分别为0.0180和0.0209，但两者差异在统计上都不显著（t=-0.635和t=-0.9245），说明可比公司的现金分红在两个期间段并不存在显著差异。第二，"差异中的差异"方法（DID）[①] 的分析结果表明，两组样本的差异在统计上显著（t=-2.784和t=-2.846），说明相对于可比公司，样本公司在定向增发前后的现金分红存在显著差异。第三，样本公司的现金分红在定向增发之前的样本期间内和可比公司不存在显著差异（Dps均值之差为0.0012元，t=0.119；而Dpsjzc均值之差为-0.0015，t=-0.632），而在定向增发之后比可比公司高（Dps均值之差为0.0421元，t=3.086；Dpsjzc均值之差为0.0110，t=2.691），说明相对于没有实施任何再融资方式的可比公司，定向增发之前可比公司和样本公司的现金分红没有差异，而完成定向增发股权再融资之后的现金分红存在显著差异。这初步验证了本章的研究假设4.1。

结合以上的分析可以认为：定向增发已成为大股东获得私利的一种新工具。上市公司进行定向增发并不是为了或者不全是为了新项目而筹资，而是沦为了大股东获得私利的工具，定向增发后大股东通过派发现金股利向自身输送利益。这进一步丰富了现有文献：上市公司再融资成为大股东利用其获得私利的重要工具，股权再融资后大股东会通过派发现金股利侵占中小股东的利益（刘力、王汀汀和王震，2003；张祥建和徐晋，2005；于静、陈工孟和孙彬，2010）。

2. 股利支付Dps与股利发放率Dpsjzc：大股东参与和大股东未参与

表4-6列示了大股东参与定向增发和大股东未参与定向增发前后公司现金分红的变化情况。由表4-6可知：大股东参与定向增发公司的Dps在增发前2

① 本书借鉴Bertrand and Mullainthan（2003）所采用的"差异中的差异"方法（Differences-in-Differences，DID）对"研究样本"（定向增发公司）与"可比样本"（没有进行任何股权再融资方式的公司）在定向增发前后现金分红的差异。

年的均值为0.0620元，而增发后2年的均值为0.1246元，现金分红增加了0.0626元，且在统计上非常显著（t = -3.927）；大股东参与定向增发公司的Dpsjzc在增发前2年的均值为0.0163，而增发后2年的均值为0.0360，股利发放率增加了0.0197，且在统计上也非常显著（t = -4.167）。大股东未参与公司的Dps和Dpsjzc为0.0283元和0.0073，且在统计上也显著（t = -1.656和t = -1.713），说明大股东未参与公司的现金分红也发生了变化。本章亦采用“差异中的差异”方法对两组样本前后期间Dps和Dpsjzc的差异进行了分析，结果显示两组样本的Dps和Dpsjzc的差异达到-0.342元和-0.0124，且在统计上显著（t = -1.659和t = -1.695），说明相对于大股东未参与公司，大股东参与公司派发的现金分红程度在定向增发后增加更多。以上结果与本章的预期一致，大股东参与定向增发时，这些大股东既有权力也有很强的动机通过现金股利的方式转移上市公司的利益，大股东参与定向增发的公司派发的现金股利显著高于大股东未参与定向增发的公司。这初步验证了本章的研究假设4.2。

表4-6　　大股东参与和大股东未参与

分类	Dps均值			Dpsjzc均值		
	增发之前（-2~-1）	增发之后（1~2）	差异	增发之前（-2~-1）	增发之后（1~2）	差异
大股东参与	0.0620	0.1246	-0.0626*** (-3.927)	0.0163	0.0360	-0.0197*** (-4.167)
大股东未参与	0.0615	0.0898	-0.0283* (-1.656)	0.0169	0.0242	-0.0073* (-1.713)
差异	0.0005 (0.432)	0.0348 (1.594)	-0.0342* (-1.659)	-0.0006 (-0.202)	0.0118* (1.811)	-0.0124* (-1.695)

注：括号中的数值为t统计量。*、**和***分别表示10%、5%和1%的显著性水平。

二、多元回归分析

1. 定向增发与现金分红

表4-7报告了定向增发影响现金分红的检验结果。从（1）至（4）栏报告

了定向增发 pp 变量系数的双重差分估计量，它们是整个样本中固定效应面板模型设定的回归结果①。为了考察内生性偏误对估计结果的影响，本章首先检验了模型（1）中是否存在内生性偏误，即增发 pp 是否与干扰项相关。DWH 统计量分别是 0. 1953、0. 1143、0. 2826 和 0. 1628，都不显著，Durbin – Wu – Hausman 检验的原假设（定向增发 pp 与干扰项不相关）在所有情况下都无法拒绝，即定向增发 pp 是外生的。无论因变量是每股现金股利 Dps 还是股利发放率 Dpsjzc，（1）和（3）栏中定向增发 pp 的回归系数都显著大于零，这表明定向增发导致上市公司增发后派发现金股利显著增加，即上市公司在定向增发后派发现金股利的程度增加。另外，为了考察定向增发对派发现金股利增加的影响在时间上的变化趋势，（2）和（4）栏考察了"定向增发当年及定向增发之后的每年"对派发现金分红的影响。（2）和（4）栏的结果表明，相对于没有实施任何再融资方式的可比公司，定向增发公司派发了更多的现金股利，而且在定向增发当年派发现金股利显著为正。然而从定向增发后第一年开始，派发的现金股利都有所减少，第二年为负，但都不显著。从（2）和（4）栏的全部样本来看，定向增发 pp 的估计值都显著增加。（1）（2）（3）和（4）栏中估计的定向增发 pp 对定向增发后派发现金股利的影响都是显著的。这些结果表明，相对于没有实施任何再融资方式的可比公司而言，定向增发公司会派发更多的现金股利。这与本章单变量检验结果一致，进一步验证了本章提出的假设 4. 1。

表 4 –7　　定向增发影响现金分红的检验结果

变量	Dps		Dpsjzc	
	（1）	（2）	（3）	（4）
pp	0. 0237 *** (2. 64)	0. 0244 *** (2. 65)	0. 0085 *** (2. 88)	0. 0096 *** (3. 17)
$year_0$		0. 0125 * (1. 68)		0. 0046 * (1. 87)
$year_1$		0. 0015 (0. 20)		–0. 0025 (–0. 98)

① 通过 Hausman 检验，拒绝了原假设，采用固定效应方法进行估计。

续表

变量	Dps		Dpsjzc	
	(1)	(2)	(3)	(4)
$year_2$		-0.0009 (-0.11)		-0.0010 (-0.39)
$year_3$		0.0124 (1.63)		0.0022 (0.89)
size	-0.0392*** (-3.24)	-0.0398*** (-3.29)	-0.0138*** (-3.49)	-0.0144*** (-3.64)
lev	-0.0280 (-1.25)	-0.0281 (-1.26)	-0.0141* (-1.93)	-0.0145** (-1.98)
roa	0.109*** (4.48)	0.107*** (4.39)	0.0288*** (3.60)	0.0285*** (3.55)
qdps	-0.261*** (-11.17)	-0.261*** (-11.18)	-0.0771*** (-10.07)	-0.0766*** (-10.00)
growth	0.0444*** (5.21)	0.0450*** (5.19)	0.0163*** (5.84)	0.0163*** (5.75)
lc5	-0.0414 (-1.10)	-0.0412 (-1.09)	-0.0001 (-0.01)	-0.0019 (-0.15)
cash	0.0021 (0.82)	0.0025 (0.97)	0.0005 (0.59)	0.0006 (0.72)
eps	0.0231*** (3.69)	0.0250*** (3.94)	-0.0011 (-0.51)	-0.0004 (-0.17)
Constant	0.0005 (0.17)	-0.0047 (-0.88)	0.0002 (0.24)	-0.0005 (-0.30)
R^2	0.09	0.09	0.08	0.09
DWH test	0.1953	0.1143	0.2826	0.1628
N	415	415	415	415

注：括号内为t值，***、**和*分别表示1%、5%和10%的显著性水平。

2. 大股东参与定向增发和现金分红

表4-8报告了大股东参与定向增发影响现金分红的检验结果①。从（1）至

① 本章也检验了模型（4.2）中是否存在内生性偏误，即大股东参与participate是否与干扰项相关。DWH统计量分别是0.0933、0.1062、0.2145和0.2355，都不显著，Durbin-Wu-Hausman检验的原假设（大股东参与participate与干扰项不相关）在所有情况下都无法被拒绝，即大股东参与participate是外生的。

（4）栏报告了大股东参与定向增发 participate 变量系数的双重差分估计量，它们是整个样本中固定效应面板模型设定的回归结果。无论因变量是每股现金股利 Dps 还是股利发放率 Dpsjzc，（1）和（2）栏中估计大股东参与定向增发 participate 的系数分别是 0.0282 和 0.0096，均显著大于 0，这表明大股东参与定向增发导致了上市公司派发现金股利的增加。为检验大股东参与定向增发对派发现金股利增加的影响在时间上的变化趋势，（2）和（4）栏考察了“大股东参与定向增发当年及大股东参与定向增发之后的每年”对派发现金股利的影响。（2）和（4）栏的结果表明，相对于大股东未参与定向增发的公司，大股东参与定向增发后派发的现金股利更多，尤其在增发当年派发现金股利显著增加。然而在大股东参与定向增发后第一年和第二年，派发的现金股利都有所减少，但都不显著；而到定向增发后第三年，派发的现金股利又增加了，且显著。从（2）和（4）栏的全部样本来看，大股东参与定向增发 participate 的估计值都显著增加。（1）（2）（3）和（4）栏中估计的大股东参与定向增发 participate 对大股东参与定向增发后派发现金股利的影响在统计上都非常显著。这些结果表明，相对于大股东未参与定向增发的公司，大股东参与定向增发的公司在增发后会派发更高的现金股利。这与本章单变量检验结果一致，进一步验证了本章提出的假设 4.2。

值得特别关注的是，在表 4－7 中，考察“定向增发当年及定向增发之后的每年”对派发现金股利增加的影响时，定向增发当年的系数显著为正。在表 4－8 中，考察“大股东参与定向增发当年及大股东参与定向增发之后的每年”对派发现金股利增加的影响时，大股东参与定向增发当年的系数也显著为正。这说明，参与定向增发的大股东在定向增发后通过现金分红向自身输送利益，定向增发不仅提高了他们对公司的实际控制权，而且使他们又获得了从上市公司抽走大量资金的机会，侵害中小投资者的利益。

此外，通过考察控制变量可以发现，在两个模型中，反映公司规模（size）对其派发现金股利的影响显著为负，这说明，小公司在定向增发后倾向于派发更多的现金股利。公司股利连续性（qdps）对现金股利的影响显著为负，上市公司在定向增发前少发股利，而定向增发完成后立即进行现金股利，派发更多的现金股利。大股东因参与定向增发，其持股比例的增加，使得他在随后立即进行的现金分红中，获得了更多的分红。公司成长性（growth）对现金股利的影响显著为正，处于高速发展阶段的公司，派发的现金股利越多。这说明，随着公司成长性机会的增多，公司大股东分配现金股利显著增加，他们并不愿意将现金用于有价值的投资机会上。以上的研究结果都表明，上市公司进行定向增发并不是为了筹集资金，他们只是通过定向增发这种股权融资方式来向自身进行利益输送。

表 4-8　　大股东参与定向增发影响现金分红的检验结果

变量	Dps		Dpsjzc	
	(1)	(2)	(3)	(4)
participate	0.0282*** (3.01)	0.0296*** (3.12)	0.0096*** (2.89)	0.0109*** (3.22)
$year_0$		0.0262*** (2.87)		0.00675** (2.08)
$year_1$		0.0087 (0.93)		-0.0015 (-0.46)
$year_2$		0.0022 (0.23)		-0.0027 (-0.79)
$year_3$		0.0261*** (2.78)		0.0063* (1.89)
size	-0.0448*** (-3.66)	-0.0473*** (-3.85)	-0.0127*** (-2.92)	-0.0132*** (-3.04)
lev	-0.0038 (-0.15)	-0.0023 (-0.09)	0.0011 (0.12)	0.0011 (0.11)
roa	0.136*** (3.70)	0.129*** (3.52)	0.0433*** (3.33)	0.0421*** (3.24)
qdps	-0.148*** (-5.19)	-0.152*** (-5.32)	-0.0781*** (-7.71)	-0.0788*** (-7.78)
growth	0.0390*** (4.08)	0.0396*** (4.08)	0.0131*** (3.87)	0.0132*** (3.84)
lc5	0.0043 (0.11)	0.0097 (0.24)	0.0101 (0.72)	0.0102 (0.72)
cash	0.0017 (0.62)	0.0023 (0.83)	0.0002 (0.19)	0.0004 (0.45)

续表

变量	Dps		Dpsjzc	
	(1)	(2)	(3)	(4)
eps	0.0155 ** (2.04)	0.0206 *** (2.66)	0.0004 (0.13)	0.0023 (0.85)
Constant	0.0005 (0.14)	-0.0120 * (-1.85)	-0.0002 (-0.20)	-0.0021 (-0.91)
R^2	0.07	0.08	0.09	0.10
N	415	415	415	415

注：括号内为t值，*** 、** 和 * 分别表示1%、5%和10%的显著性水平。

三、稳健性检验

为了进一步考察本章结果的稳健性，我们采用停止实施定向增发的公司作为对照样本，运用市盈率（syl）作公司成长性指标和每股自由现金流量（zycash）作为资金营运能力指标，对定向增发影响现金分红和大股东参与定向增发影响现金分红做了稳健性分析，以下是固定效应面板模型设定的回归结果。

表4-9是对定向增发影响现金分红的稳健性检验。表4-9中的（1）（2）（3）和（4）栏的回归结果显示，定向增发对公司派发现金股利具有显著的正向影响，这表明上市公司派发的现金股利因实施定向增发而增加，该结果为支持假设4.1提供了进一步的证据。

表4-9　　定向增发影响现金分红的稳健性检验

变量	Dps		Dpsjzc	
	(1)	(2)	(3)	(4)
pp	0.0281 ** (2.46)	0.0388 *** (3.30)	0.0090 *** (2.91)	0.0109 *** (3.46)
$year_0$		0.0225 ** (2.00)		0.0081 *** (2.74)

续表

变量	Dps		Dpsjzc	
	(1)	(2)	(3)	(4)
$year_1$		-0.0383*** (-2.96)		-0.0059* (-1.94)
$year_2$		0.0091 (0.74)		-0.0013 (-0.41)
$year_3$		-0.0042 (-0.35)		0.0022 (0.73)
size	-0.0422** (-2.55)	-0.0432*** (-2.61)	-0.0127*** (-2.88)	-0.0124*** (-2.80)
lev	0.0012 (0.03)	-0.0131 (-0.30)	-0.0067 (-0.59)	-0.0075 (-0.66)
roa	0.545*** (6.17)	0.546*** (6.19)	0.167*** (7.02)	0.167*** (6.92)
syl	0.0018* (1.81)	0.0042*** (3.09)	0.0079** (2.28)	0.0083** (2.35)
lc5	-0.0040 (-0.29)	-0.0087 (-0.62)	-0.0002 (-0.06)	-0.0013 (-0.35)
eps	0.0148 (1.31)	0.0197* (1.69)	-0.0002 (-0.04)	0.0004 (0.05)
zycash	-0.0022 (-0.89)	-0.0021 (-0.87)	-0.0032 (-0.55)	-0.0023 (-0.39)
Constant	-0.0027 (-0.66)	-0.0029 (-0.36)	-0.0008 (-0.77)	-0.0018 (-0.83)
R^2	0.05	0.06	0.07	0.09
N	415	415	415	415

注：括号内为 t 值，***、** 和 * 分别表示 1%、5% 和 10% 的显著性水平。

表 4-10 是对大股东参与定向增发影响现金分红的稳健性检验。表 4-10 中的（1）（2）（3）和（4）栏的结果表明，大股东参与定向增发对公司派发现金股利也有显著的正向影响，说明相对于大股东未参与定向增发的公司，大股东参与定向增发的公司在增发后会派发更高的现金股利，这为假设 4.2 的验证提供

了进一步的证据。

表 4－10　　大股东参与定向增发影响现金分红的稳健性检验

变量	Dps		Dpsjzc	
	(1)	(2)	(3)	(4)
participate	0. 0362*** (2. 74)	0. 0458*** (3. 43)	0. 0101*** (2. 85)	0. 0119*** (3. 32)
$year_0$		0. 0244** (2. 17)		0. 0087*** (2. 95)
$year_1$		－0. 0353*** (－2. 78)		－0. 0051* (－1. 69)
$year_2$		0. 0099 (0. 80)		－0. 0009 (－0. 29)
$year_3$		－0. 0021 (－0. 18)		0. 0028 (0. 91)
size	－0. 0417** (－2. 55)	－0. 0415** (－2. 54)	－0. 0122*** (－2. 78)	－0. 0118*** (－2. 68)
lev	－0. 0169 (－0. 40)	－0. 0368 (－0. 87)	－0. 0098 (－0. 84)	－0. 0142 (－1. 22)
roa	0. 538*** (6. 08)	0. 537*** (6. 08)	0. 168*** (6. 99)	0. 165*** (6. 78)
syl	0. 0019* (1. 90)	0. 0042*** (3. 05)	0. 0076** (2. 16)	0. 0079** (2. 22)
lc5	－0. 0001 (－0. 01)	－0. 0032 (－0. 23)	0. 0012 (0. 33)	0. 0003 (0. 09)
eps	0. 0142 (1. 25)	0. 0190 (1. 64)	0. 0001 (0. 01)	0. 0006 (0. 09)
zycash	－0. 0023 (－0. 93)	－0. 0022 (－0. 91)	－0. 0035 (－0. 60)	－0. 0026 (－0. 45)
Constant	－0. 0017 (－0. 41)	－0. 0027 (－0. 34)	－0. 0004 (－0. 42)	－0. 0017 (－0. 80)
R^2	0. 05	0. 06	0. 07	0. 08
N	415	415	415	415

注：括号内为 t 值，*** 、** 和 * 分别表示 1% 、5% 和 10% 的显著性水平。

第五节　本章小结

本章实证研究了我国部分上市公司定向增发后大股东通过现金分红向自身输送利益侵害中小股东利益的问题。以2006年5月8日至2009年12月31日沪深实施定向增发公司为样本，本章运用可比公司法和双重差分方法，对定向增发与增发后现金分红之间的关系进行实证研究，揭示出我国上市公司定向增发后，大股东的确存在通过现金分红向自身输送利益，侵害小股东利益的显著倾向。研究结果表明，研究区间内相对于没有实施任何再融资方式的可比公司，上市公司定向增发后的确派发了更多的现金股利；相对于大股东未参与定向增发公司，大股东参与定向增发在增发后派发更多的现金股利。同时还发现，在“定向增发当年”和“大股东参与定向增发当年”，上市公司派发的现金股利显著增加。这些研究结果表明，我国上市公司大股东利用定向增发后的现金分红向自身输送利益、侵害中小投资者权益的行为非常普遍。

上市公司大股东具有控制权优势和利益输送的内在动机，同时我国对上市公司定向增发完成后的现金分红行为缺乏有效约束，使得上市公司定向增发后大股东利用现金分红变相套现侵害中小投资利益的行为仍然具有合法性外衣，现金分红逐渐沦为大股东向自身输送利益的一种工具。这严重背离了证监会将上市公司再融资资格与股利分配水平相挂钩、从而更好地保护中小股东的政策宗旨。因此，监管当局应当针对这一现象，健全相关法律法规，在积极推行定向增发股权再融资方式的同时，规范定向增发公司的现金分红行为，让现金分红真正成为各类投资者公平共享利益的手段，切实维护广大中小投资者的权益，推动资本市场的健康协调发展。

第五章 定向增发、资金占用与利益输送的研究

本章是研究的第二步，沿袭我国已有研究以完成定向增发公司为主要研究对象，着力分析我国上市公司定向增发后的资金占用问题。本章基于利益输送理论和大小股东代理冲突下大股东参与定向增发利益输送理论，在已有研究的基础上，对定向增发参与对象的类型进行了细分并提出了研究假设，从资金占用的角度对大股东参与定向增发后的利益输送问题进行了实证研究。

第一节　问题的提出

定向增发是指上市公司采用非公开方式，向特定对象发行股票的行为。2006 年 5 月 8 日，中国证监会发布《上市公司证券发行管理办法》，定向增发正式成为中国资本市场的一种股权再融资方式。定向增发融资在我国迅速发展，成为全流通时代资本市场主流股权融资方式之一。作为一种灵活和富有弹性的融资方式，定向增发无疑非常有利于资本市场资源配置功能的发挥。虽然定向增发带来了融资便利，但是它对增发对象和增发股份流通方面的限制，容易导致控股股东等增发对象为了追求自身利益最大化会通过多种途径寻求额外的利益，从而补偿股票限售期内的市场风险与损失。最近，国外的有些学者已研究证实定向增发中存在明显的“利益输送”行为（Cronqvist and Nilsson，2005；Baek，Kang and Lee，2006）。克朗奎斯特和尼尔森（2005）实证研究了控制权对瑞典企业再融资方式的影响，结果表明家族控制企业为了避免控制权被稀释，更倾向于向控制家族定向增发或者向新股东发行投票权较低的股票。贝克、康和李（2006）分析了韩国企业集团利用定向增发进行利益输送的问题，结论证实了韩国控股股东确实存在通过定向增发进行利益输送的行为。

“利益输送”是大股东利用其绝对控制权从上市公司转移资产的行为，比如关联交易、债务担保、内部交易、渐进的收购、资金占用、盈余管理等行为（Johnson et al.，2000）。国外的研究表明大股东通过资金占用侵占上市公司的利益（Pagano and Roell，1998；Bennedsen and Wolfenzon，2000；Bertrand，Mehta and Mullainathan，2002）。中国资本市场是一个新兴加转型的市场，大股东对上市公司进行掏空的现象非常普遍，大股东常常利用自身控股地位通过关联交易转移上市公司资产、利用上市公司担保获取银行贷款、垫资、向上市公司借款、直接侵占上市公司资金、资产置换等手段“掏空”上市公司，其中由上市公司提供担保、垫资、向上市公司借款等各种侵占上市公司资金的行为，就是大股东掏空上市公司的一种非常典型的手段（薛爽和王鹏，2004；李增泉、孙铮和王志伟，2004；姜国华和岳衡，2005；周中胜，2007；周晓苏、张继袖和唐洋，2008；高雷和张杰，2009；杜兴强、曾泉和杜颖洁，2010）。大股东通过占用上市公司资金的方式实现其私人利益，而上市公司中小股东人数众多，力量非常分散，对其难以实现有效制约，导致大股东占用上市公司资金问题成为监管部门面临的最为严重的问题之一。因此，我国资本市场中公司的资金占用演变为大股东实现其超额控制权私人收益的一种方式。

我国属于新兴市场国家，在我国转型经济背景下，我国上市公司的治理机制主要表现为大股东主导模型。中国上市公司大股东参与定向增发认购新股几乎占主导地位。大股东参与定向增发后是提升了公司的价值，还是损害了公司的利益？或者说大股东参与定向增发是“利益输送”，还是提供“支持”？对于定向增发中大股东的行为，国内已有研究表明上市公司在定向增发过程中大股东通过低价向控股股东增发股份、控股股东向上市公司注入劣质资产或与主营业务关联度较低的资产、盈余管理、上市公司以较高价格收购控股股东资产换取定向增发股份等方式向自身输送利益（朱红军、何贤杰和陈信元，2008；王志强、张玮婷和林丽芳，2010；张祥建和张鸣，2008；张鸣和郭思永，2009；章卫东和李海川，2010；章卫东，2010；赵玉芳等，2011）。那么，大股东参与定向增发和定向增发后资金占用是否有某种内在关联，这种关联是否普遍存在呢？

本章在以下几个方面丰富了现有文献：第一，本章为大股东参与定向增发后资金占用的存在性问题提供了具有普遍意义的实证研究结论。本章从大样本的研究角度，证实了在我国资本市场上大股东参与定向增发后通过占用上市公司的资金、侵害中小股东利益的普遍行为特征。第二，本章侧重于从大股东参与定向增发完成后，资金占用的角度研究大股东利益输送的问题。已有文献主要集中于研究定向增发过程前或增发过程中的高折价发行、长期停牌、注入劣质资产以及盈余管理方式，以验证定向增发中利益输送行为问题，而本章是从定向增发完成后，资金占用的角度研究大股东利益输送的问题。第三，本章运用双重差分法，研究大股东参与定向增发前后资金占用的差异，从而更好地揭示大股东参与定向增发后通过占用上市公司的资金向自身输送利益、侵害中小股东的现象。这也是一种研究方法上的尝试。

本章余下内容安排如下：第二部分理论分析与研究假设；第三部分是计量方法、数据和变量选择；第四部分是实证结果与分析；第五部分对本章进行小结。

第二节　理论分析与研究假设

拉波塔、洛佩兹德西兰和施莱弗（1999）的开创性研究发现，广泛持有股权仅存在于英、美两国，世界上大多数国家的股权都高度集中在控制性的大股东手中。大股东控制上市公司的主要手段就是通过金字塔式的股权结构。在此结构下，控股股东的控制权与现金流权分离，导致控股股东通过绝对的控制权来侵占小股东的利益（Claessens，Djankov and Lang，1999；陈红和杨凌霄，2012）。

中国资本市场的发展历程使其具有一定的特殊性。我国上市公司多为改制而来，通过优质资产剥离、包装上市，母公司成为上市公司的大股东。同时，国有大股东所持有的上市公司的股票被人为划定为“非流通股”，大股东具有控股地位但股权不能在市场上交易。大股东为了维持母公司的发展，必然有从上市公司转移资源以满足自身发展需要的“掏空”动机。约翰逊等（2000）研究发现，在中小投资者法律保护不足的国家，控股股东以中小股东的利益损失和公司价值下降为代价攫取控制权私利。施莱弗和维什尼（Shleifer and Vishny，1997）研究发现，大股东凭借其控制权优势，通过资金转移、关联交易、资金占用等方式实现控制权私利，从而侵害了中小股东的利益。随着股票发行制度的进步和民营经济日益受到重视，民营上市公司的数量不断增加。我国民营上市公司大多数受个人或者家族成员控股，他们也有动机和能力实施利益侵占行为。因此，无论是国有公司还是民营公司，其大股东都拥有相当大的控制权，他们有动机和能力对上市公司进行利益侵占。我国上市公司最为重要的特征是股权高度集中，在股权分置条件下大股东的股份无法在二级市场直接交易，其控制权利益无法通过股票价格上涨的资本利得兑现。中国上市公司大股东对其所控制公司掌握着相对甚至绝对的控制权优势，他们可以决定其选择实现自身控制权私人现金收益的方式和途径，这种情况下资金占用异化成实现大股东自身利益的手段。刘峰和贺建刚（2004）和马曙光、黄志忠和云奎（2005）都发现，资金占用是大股东实现其控制权收益的替代手段。

在全流通的背景下，大股东参与定向增发，所持有股份不断增多，在高度集中的股权结构下，大股东有动机和能力对上市公司进行利益侵占。同时，由于大股东认购的股份存在3年限售期，限售期越长，风险越大，尤其对控股股东及实际控制人而言，他们无法分享股票价格变动的收益，而且还要承担限售期内的市场风险（赵玉芳等，2011）。在大股东所持股份暂时不能够上市流通、在转移公司资源的其他方式受到愈加严格的市场监管和法律限制的情况下，中国上市公司大股东对其所控制公司掌握着绝对的控制权优势，他们会选择有利于自身利益最大化的方式和途径，侵害中小股东的利益。本章假设有大股东参与的定向增发公司，更倾向于通过资金占用侵害上市公司和中小股东的利益。因此，我们提出如下假设：

假设5.1：相对于大股东未参与定向增发的公司，大股东参与定向增发的公司在增发后资金占用更加严重。

第三节　计量方法、数据和变量选择

一、样本的选取和数据来源

本章以2006年5月8日至2010年12月31日我国定向增发新股“最热”的年度进行定向增发的A股上市公司为观察样本，采用双重差分法，以检验中国上市公司大股东参与定向增发后公司的资金占用问题。为了避免公司 IPO、多次配股、公开增发新股、发行可转债、以及在样本期间内多次进行定向增发新股等因素的影响，根据以下条件筛选研究样本：（1）不属于 B 股公司增发 A 股、A 股公司增发 H 股以及 H 股公司增发 A 股的公司；（2）不属于金融类上市公司进行定向增发新股的公司；（3）在定向增发前后 3 年没进行定向增发的公司；（4）在定向增发前后 3 年（包括定向增发当年）没进行配股、公开增发新股和发行可转债的公司。

根据上述标准，2006 年 5 月 8 日至 2010 年 12 月 31 日，剔除了缺失值和极端值，删除了各相关变量位于样本两端 5% 的观测值，最终得到样本公司 286 家，其中大股东参与定向增发公司 182 和大股东未参与定向增发公司 104 家。数据来自 CSMAR 数据库和 Wind 数据库。

二、模型设计与变量定义

近年来，双重差分模型已经被广泛运用于检验政策改革的冲击和效果，比如税收法案（Guber and Poterba，1994；Maki，2001）、残疾人及童工劳动法案（Gruber，2000；Jolls，2004）、欧洲酒后驾驶法案（Albalate，2008）等。国内学者也采用该方法分析农村费税改革（周黎安和陈烨，2005）、地区放权的经济效率（史宇鹏和周黎安，2007）和增值税转型政策的经济效应（聂辉华、方明月和李涛，2009）。

我国大股东参与定向增发在年度上是逐步进行的（如表 5－1），一方面大股东参与定向增发融资制造了同一个上市公司在大股东参与定向增发前后资金占用的差异，另一方面又制造了在同一时点上大股东未参与定向增发和大股东参与定向增发公司之间的差异，从而类似于“自然实验”，将大股东参与定向增发的公司视为“处理组（treatment group）”，大股东未参与定向增发的公司视为“控制组（control group）”。

为了检验研究大股东参与定向增发与上市公司资金占用的关系，本章将待检验的回归方程设定为：

$$AC_{it} = \beta_0 + \beta_1 participate_{it} + \beta_2 X_{it} + \mu_t + \alpha_i + \varepsilon_{it} \quad (5.1)$$

表 5-1　　研究样本和可比样本情况

分类	2006 年	2007 年	2008 年	2009 年	2010 年
大股东参与	12	46	55	53	16
未参与	11	35	20	21	17
总计	23	81	75	74	33

其中，AC_{it}为被解释变量，即资金占用。考虑到我国存在大股东侵占中小股东利益的现象，大股东侵占中小股东利益的一种重要表现在于占用上市公司资金。大股东及其关联方占用上市公司资金有“经营性资金占用”与“非经营性资金占用”之别，“非经营性资金占用”即为大股东侵占上市公司中小股东利益的主要手段（李增泉、孙铮和王志伟，2004）。“经营性资金占用”包括应收账款、预付账款、应付账款和预收账款四个科目的金额。“非经营性资金占用”包括其他应收款和其他预付款两个科目的金额。姜国华和岳衡（2005）发现，大股东资金占用是其他应收账款的重要组成成分，而且占用时间长、还款难度大。因此，本章以其他应收款占总资产的比例作为对大股东资金占用的衡量指标。participate 是虚拟变量，如果大股东参与定向增发，则 participate 等于 1，否则等于 0。

X 表示其他还会影响公司资金占用的控制向量，包括公司规模（size）、公司盈利能力（roe）、成长机会（tq）、资金营运能力（cash）、公司董事会结构（ind）和公司资产流动性（flow）等。μ_t 是表示时间的虚拟变量，它包括：大股东参与当年（$year_0$），若大股东参与当年取“1”，否则取“0”；大股东参与第一年（$year_1$），若大股东参与后第一年取“1”，否则取“0”；大股东参与第二年（$year_2$），若大股东参与后第二年取“1”，否则取“0”；大股东参与第三年（$year_3$），若大股东参与后第三年取“1”，否则取“0”；大股东参与第四年（$year_4$），若大股东参与后第四年取“1”，否则取“0”。α_i 表示个体 i 不随时间而变化的特征（各变量具体定义如表 5-2 所示）。

表 5-2　　变量定义及解释

主要变量	名称	解释
资金占用	AC	其他应收款/总资产
大股东参与哑变量	participate	若大股东参与定向增发或者大股东参与定向增发已经完成，则取“1”，否则取“0”

续表

主要变量	名称	解释
大股东参与当年	$year_0$	大股东参与当年取“1”，否则取“0”
大股东参与第一年	$year_1$	大股东参与后第一年取“1”，否则取“0”
大股东参与第二年	$year_2$	大股东参与后第二年取“1”，否则取“0”
大股东参与第三年	$year_3$	大股东参与后第三年取“1”，否则取“0”
大股东参与第四年	$year_4$	大股东参与后第四年取“1”，否则取“0”
控制变量	名称	解释
公司规模	size	上市公司年末总股本资产取自然对数
资产负债率	lev	上市公司年末总负债/年末总资产
盈利能力	roe	上市公司年末公司净利润/年末总资产
公司成长性	tq	(每股价格×流通股份数+每股净资产×非流通股数+负债账面价值)/年末总资产
资金营运能力	cash	经营活动现金净流量/年初总资产
独立董事比例	ind	独立董事人数/董事会总人数，反映公司的董事会结构的状态
资产流动性	flow	流动资产/年末总资产
行业虚拟变量	Industry	各行业虚拟变量，考虑行业效应

三、描述性统计

表5-3是对主要变量的描述性统计。从表5-3可以看出，大股东参与定向增发后大股东资金占用AC的均值为0.0476，这表明定向增发后大股东资金占用额占总资产的比例平均为5%。大股东参与定向增发participate的均值为0.263，表明完成大股东参与定向增发公司在全样本中所占比例平均为26.3%。这些表明，定向增发后大股东资金占用非常严重，尤其是大股东参与定向增发公司的资金占用更加严重。

表5-3　　主要变量的描述性统计

变量	N	均值	标准差	最小值	中位数	最大值
AC	286	0.0476	0.157	0	0.0145	3.807
participate	286	0.263	0.440	0	0	1

续表

变量	N	均值	标准差	最小值	中位数	最大值
size	286	21.76	1.140	17.67	21.69	26.16
lev	286	0.570	0.352	0.0123	0.548	9.317
roe	286	-0.0251	1.824	-57.64	0.0671	5.682
tq	286	2.246	1.964	0.559	1.659	33.90
cash	286	0.0562	0.146	-2.528	0.0454	1.894
ind	286	0.582	0.229	0	0.500	5
flow	286	0.518	0.233	0.0260	0.528	0.999

第四节 实证结果与分析

一、单变量分析

表5-4列示大股东参与定向增发前后资金占用的变化情况。由表5-4可知：首先，大股东参与定向增发公司的AC在增发前2年的均值为0.0178，而增发后2年的AC均值为0.0963，AC增加了0.0785，且在统计上非常显著（t=2.642）。大股东未参与定向增发公司的AC均值之差为0.0091，且在统计上也显著（t=1.737），说明大股东参与定向增发公司和大股东未参与定向增发公司的资金占用都发生了变化。其次，本章亦采用“差异中的差异”方法[①]对两组样本前后期间AC的差异进行了分析，结果显示两组样本的AC的差异达到0.0694，且在统计上显著（t=2.113），说明相对于大股东未参与定向增发公司，大股东参与定向增发公司在增发后的资金占用更加严重。再次，在增发之前，大股东

① 本书借鉴伯特兰等（Bertrand and Mullainthan，2003）所采用的“差异中的差异”方法（Differences-in-Differences，简称DID）对“大股东参与定向增发公司”与“大股东未参与公司”在定向增发前后资金占用的差异。

参与定向增发公司的 AC 为 0.0178，低于大股东未参与定向增发公司的 AC，两者的差异为 0.0008，但在统计上不显著（t = -0.0008）；在增发之后，大股东参与定向增发公司的 AC 为 0.0963，高于大股东未参与定向增发公司的 AC，两者的差异为 0.0687，且在统计上显著（t = 2.060），说明大股东参与定向增发公司在增发之前也存在资金占用，而大股东参与定向增发公司在增发之后资金占用更加严重，这初步验证了本章的假设 5.1。

表 5-4　　大股东参与和大股东未参与

分类	AC 均值		
	增发之前（-2 ~ -1）	增发之后（1 ~ 2）	差异
大股东参与	0.0178	0.0963	0.0785*** (2.642)
大股东未参与	0.0186	0.0277	0.0091* (0.645)
差异	-0.0008 (-0.1862)	0.0687** (2.060)	0.0694** (2.113)

注：括号内为 t 值，***、** 和 * 分别表示 1%、5% 和 10% 的显著性水平。

二、多元回归分析

表 5-5 报告大股东参与定向增发对资金占用影响的检验结果。(1) 至 (3) 栏报告了大股东参与定向增发 participate 变量系数的双重差分估计量，它们是整个样本中固定效应面板模型设定的回归结果①。

(1) 栏大股东参与定向增发 participate 的回归系数显著大于零，这说明大股东参与定向增发导致上市公司定向增发后的资金占用显著增加。另外，为了考察大股东参与定向增发对资金占用增加的影响在时间上的变化趋势，(2) 和 (3) 两栏分别考察了“大股东参与当年”和“大股东参与之后的每年”对资金

① 通过 Hausman 检验，拒绝了原假设，采用固定效应方法进行估计。

占用的影响。在（2）栏的模型设定中，大股东参与定向增发公司仅在大股东参与当年被视为接受了处理，“大股东参与当年”的影响是我们预期的方向，但并不显著。与之相反，（3）栏的回归结果表明，相对于大股东未参与公司，大股东参与定向增发后公司的资金占用增长率每一年都有所增加，且都显著。值得注意的是，本章的样本中只有23家公司进行了四年的定向增发，我们还不能确定结果有多大的代表性。总的来说，经验证据表明，大股东参与定向增发对公司资金占用的正影响持续至少超过2年。（1）至（3）栏中估计的大股东参与定向增发participate对增发后公司的资金占用的影响都显著。这些结果表明，相对于大股东未参与定向增发的公司而言，大股东参与定向增发公司的资金占用更加严重，这验证了本章提出的假设5.1。

表5-5　　大股东参与对资金占用影响的检验结果

变量	AC		
	(1)	(2)	(3)
participate	0.0246*** (2.68)	0.0254*** (2.59)	0.0236** (2.46)
$year_0$		0.0116 (1.43)	
$year_1$			0.0164* (1.69)
$year_2$			0.0232** (2.06)
$year_3$			0.0307** (2.19)
$year_4$			0.0464* (1.69)
size	-0.0510*** (-7.90)	-0.0510*** (-7.90)	-0.0620*** (-8.24)
lev	0.217*** (19.14)	0.217*** (19.06)	0.215*** (18.97)
roe	-0.0014 (-0.85)	-0.0014 (-0.85)	-0.0012 (-0.76)

续表

变量	AC		
	(1)	(2)	(3)
tq	-0.0116*** (-6.67)	-0.0116*** (-6.63)	-0.0121*** (-6.93)
cash	-0.0217 (-1.07)	-0.0215 (-1.06)	-0.0181 (-0.89)
ind	-0.0043 (-0.31)	-0.0045 (-0.33)	-0.0073 (-0.53)
flow	0.0694** (2.26)	0.0698** (2.27)	0.0726** (2.37)
Industry	Yes	Yes	Yes
Constant	0.877*** (5.08)	0.879*** (5.08)	1.128*** (5.82)
N	286	286	286
R^2	0.353	0.353	0.356

注：括号内为t值，***、**和*分别表示1%、5%和10%的显著性水平。

此外，通过考察控制变量可以发现，公司规模（size）对其资金占用的影响显著为负，这说明，小公司在定向增发后资金占用的程度越高。资产负债率（lev）对资金占用的影响显著为正，这说明，在大股东参与定向增发后资金占用程度较高的情况下，该公司正常运营面临的资金需求也越大。为了维持正常运营的资金，公司对债务融资的需求也就越大。以上的研究结果都表明，上市公司进行定向增发并不是为了筹集资金，他们只是通过定向增发这种股权融资方式来向自身进行利益输送。

三、稳健性检验

为了进一步考察本章结果的稳健性，本章用（其他应收账款-其他应付账款）/总资产（ACC）反映大股东对中小股东的利益侵占程度，替代上市公司的资金占用（AC）。同时用上市公司当年的净资产收益率（roe）、董事会规模

（b-size）和固定资产比重（ppe）分别代替资产总报酬率（roa）、独立董事比例（ind）和流动资产比例（flow）进行相应检验。以下是固定效应面板模型设定的回归结果。

表5－6是大股东参与定向增发影响资金占用的稳健性检验。表5－6中（1）（2）和（3）栏的回归结果显示，大股东参与定向增发 participate 对增发后公司的资金占用具有显著的正向影响，说明相对于大股东未参与定向增发的公司，大股东参与定向增发的公司在增发后资金占用更加严重。这为假设5.1的验证提供了进一步的证据。

表5－6　　大股东参与对资金占用影响的稳健性检验结果

变量	ACC		
	（1）	（2）	（3）
participate	0.0303* （1.82）	0.0401** （2.37）	0.0394** （2.22）
$year_0$		0.0472*** （2.97）	
$year_1$			0.0464*** （2.76）
$year_2$			0.0072 （0.35）
$year_3$			－0.0227 （－0.83）
$year_4$			－0.0056 （－0.10）
size	－0.119*** （－7.75）	－0.122*** （－7.93）	－0.122*** （－7.92）
lev	0.0874*** （5.02）	0.0869*** （5.00）	0.0870*** （5.01）
roa	－0.0616* （－1.72）	－0.0594* （－1.66）	－0.0590* （－1.65）
tq	0.0024 （1.06）	0.0024 （1.07）	0.0025 （1.08）

续表

变量	ACC		
	(1)	(2)	(3)
cash	-0.0208 (-0.84)	-0.0173 (-0.70)	-0.0180 (-0.73)
b - size	0 (-0.02)	0.0005 (0.15)	0.0007 (0.20)
ppe	0.0259 (0.53)	0.0240 (0.49)	0.0228 (0.47)
Industry	Yes	Yes	Yes
Constant	0.369** (2.12)	0.366** (2.11)	0.367** (2.12)
N	286	286	286
R^2	0.238	0.243	0.243

注：***、**和*分别表示10%、5%和1%的显著性水平，括号中的数字为White（1980）异常差校正后的t值。

第五节 本章小结

本章分析了大股东参与定向增发和大股东未参与定向增发对公司资金占用的影响，以及这种影响在二者之间是否存在差异。我们以2006年5月8日至2010年12月31日沪深实施定向增发公司为样本，运用双重差分法，对大股东参与定向增发后的资金占用进行了实证研究。研究结果表明，相对于大股东未参与定向增发的公司，大股东参与定向增发的公司在增发后资金占用更加严重。同时本书还发现，大股东参与定向增发后公司资金占用的增长率每一年都显著增加。这表明，我国上市公司的大股东具有在定向增发后通过占用上市公司的资金、实施有利于自身利益的行为动机。

大股东占用上市公司资金是一个涉及上市公司利益相关者多方利益的研究课题。上市公司的大股东具有先天的控制权优势和进行利益输送的动机，同时我国对上市公司定向增发后的资金占用缺乏有效约束，使得上市公司定向增发后有些大股东并没有进行有效的投资，而是变相占用上市公司的资金，从而侵害上市公司和中小投资的利益。这严重背离了上市公司实施定向增发，应当有利于减少关联交易、增强独立性、提高资产质量、改善财务状况，从而更好地保护中小股东的政策宗旨。因此，监管当局应当针对这一新问题，完善相关法律法规，在积极推进定向增发股权再融资方式的同时，规范参与定向增发的认购对象后期的行为，强制性要求参与定向增发的大股东解决占用上市公司资金的问题。同时，监管当局应加强对上市公司治理机制的监管，让参与定向增发的大股东切实为上市公司持续发展服务。只有维护广大中小投资者的利益，才能推动资本市场的健康协调发展。

第六章
定向增发与投资过度的研究

本章是研究的第三步，沿袭国内学者已有的研究以完成定向增发公司为研究样本，对定向增发后公司投资过度的原因进行探讨，并提出理论解释和模型推导。基于中国资本市场特有的制度环境、利益输送理论和大小股东代理冲突下大股东参与定向增发利益输送理论提出了研究假设，从定向增发后公司投资的角度对我国上市公司定向增发中的利益输送问题进行研究，并得出了实证的结果。

第一节　问题的提出

上市公司投资是公司可持续发展的重要动因和未来现金流稳步增长的保证，投资效率的高低事关公司长远发展和企业价值增长。有效率的投资行为是把资金投向净现值为正的项目，它对公司业绩会产生正面的影响。融资是实施投资计划的资金保证，我国大多数上市公司一味追求巨额融资，而不注重提升资金优化配置的能力，资金使用效率较为低下。定向增发作为全流通时代上市公司最主要的股权再融资方式，对增发对象和增发股份流通方面的限制容易导致控股股东等增发对象为了追求自身利益最大化而通过多种途径寻求额外利益，来补偿股票限售期内的市场风险与损失。国外已有研究证实定向增发中确实存在明显的“利益输送”行为（Cronqvist and Nilsson，2005；Baek，Kang and Lee，2006）。克朗奎斯特和尼尔森（2005）实证研究了控制权对瑞典企业再融资方式的影响，结果表明家族控制企业为了避免控制权被稀释，更倾向于向控制家族定向增发或者向新股东发行投票权较低的股票。贝克、康和李（2006）分析了韩国企业集团利用定向增发进行利益输送的问题，结论证实了韩国控股股东确实存在通过定向增发进行利益输送的行为。

我国正处于经济转型时期，定向增发尚处于成长阶段，法律规范和监管、审核政策及制度还不健全，为我国上市公司通过定向增发进行利益输送提供了空间。中国上市公司主要通过向控股股东及其子公司或者机构投资者定向增发新股募集资金。特别是控股股东认购定向增发新股后，在高度集中的股权结构下大股东进行利益输送更加便利。控股股东凭借持有的股份直接主导企业投资决策和影响资本投资行为，同时也可能会利用掌握的公司控制权随意变更募集资金投向，从而导致投资过度或盲目投资行为。那么上市公司定向增发如何影响公司投资和投资效率？特别是在大股东参与定向增发时，是否会将融资资金投入有利于自身利益的项目，从而造成无效投资的局面？针对这两个问题，本章以实施了定向增发股权再融资的中国上市公司为研究对象，实证研究中国上市公司定向增发后的公司投资及投资效率问题，并进一步分析大股东参与定向增发对投资效率的影响。这揭示了转型背景下中国上市公司大股东影响公司投资的内在机理，拓展了中国资本市场股权再融资的资源配置效率的研究。

本章余下内容安排如下：第二部分理论分析与研究假设；第三部分是计量方法、数据和变量选择；第四部分是实证结果与分析；第五部分对本章进行小结。

第二节　理论分析与研究假设

从理论上讲，完美的资本市场中的企业投资可以实现企业价值最大化的最优水平（Modigliani and Miller，1958）。然而，现实资本市场中存在着扭曲性因素导致公司资本配置失效，大量研究已证实代理问题会影响公司投资支出水平，从而导致公司投资不足或投资过度（Jensen，1986；Bertrand and Mullainathan，2003）。

已有研究主要是基于控股大股东对中小股东利益侵占的代理冲突，对公司非效率投资进行探讨。在企业股权结构比较集中为特征的资本市场中，控股股东与中小股东的代理冲突成为公司主要的代理问题。控股股东为追求私利常常侵占公司资源和其他股东利益，最终损害公司价值（Shleifer and Vishny，1997）。约翰逊与拉波塔、洛佩兹德西兰和施莱弗（Johnson，La Porta，Lopez - de - Silanes and Shleifer，2000）研究发现，由于公司控制权和现金流权的分离，控股股东具有强烈动机和能力使公司的投资行为偏离股东利益最大化的目标，通过企业的非效率投资行为获取控制权私利，从而损害中小股东利益。戴克和辛格莱斯（Dyck and Zingales，2004）的研究也证实大股东掌握的控制性资源规模越大，大股东越有可能在时间和空间维度上通过控制资源的分配，制定有利于自身利益最大化的投资决策。控股大股东主导的投资决策，以控制权私利而非公司价值最大化为决策目标，导致企业的非效率投资行为（Aggarwal and Samwick，2006）。投资不足或投资过度等非效率投资行为对企业的影响，最终会以公司价值或绩效的形式进行呈现。有研究表明大股东的控制权与现金流权分离程度与公司过度投资存在负相关，严重的过度投资行为损害企业价值（Claessens et al.，2002；Lemmon and Lins，2003；Wei and Zhang，2008）。控股大股东由于追求其控制权私利而导致非效率投资行为，对中小股东或企业价值造成损害更为严重（Martin and Peter，2009）。为追求控制权私利，大股东也会进行过度投资，从而损害公司业绩或公司价值（Titman，Wei and Xie，2004；Fu，2010）。

上述研究主要是以欧美成熟市场为背景的实证成果，中国资本市场的不成熟使这些研究结论的参考价值大打折扣。虽然中国资本市场起步较晚，已有学者借鉴国外分析框架基于大股东与中小股东代理问题对上市公司投资效率进行了相关研究，也发现中国上市公司存在投资不足或投资过度等无效率的投资行为（饶育蕾和汪玉英，2006；唐雪松、周晓苏和马如静，2007；张功富和宋献中，2009）。控股大股东是地方国有企业或民营上市公司更倾向于过度投资（罗琦、肖文翀和夏新平，2007；程仲鸣、夏新平和余明桂，2008；程仲鸣和夏银桂，2008），控股大股东持股动机的隧道效应导致上市公司非效率投资（贺建刚、魏明海和刘峰，2008；刘星和安灵，2010）。大股东通过控制上市公司的投资决策侵害中小股东的利益，而且代理问题比较严重的公司倾向于过度投资，这种投资在一定程度上损害公司价值（田利辉，2005；辛清泉、郑国坚和杨德明，2007；邵军和刘志远，2008；潘红波、夏新平和余明桂，2008）。

定向增发作为一种灵活的融资方式，在美英等发达国家证券市场广泛使用。国外学者研究发现上市公司进行定向增发新股过程中存在控股大股东侵占中小股东的利益，从而向自身输送利益的问题。克朗奎斯特和尼尔森（2005）实证研究了控制权对瑞典企业再融资方式的影响，其结果表明家族控制企业为了避免控制权被稀释，更倾向于向控制家族定向增发或者向新股东发行投票权较低的股票。韩国企业的控股股东也存在通过定向增发进行利益输送的行为（Baek，

Kang and Lee，2006）。基于中国资本市场的转型背景，国内学者对上市公司在定向增发过程中通过低价向控股股东增发股份、控股股东向上市公司注入劣质资产或与主营业务关联度较低的资产、上市公司以较高价格收购控股股东资产换取定向增发股份、盈余管理、现金分红、资金占用等方面进行了相关探索（朱红军、何贤杰和陈信元，2008；王志强、张玮婷和林丽芳，2010；张祥建和郭岚，2008；张鸣和郭思永，2009；章卫东和李海川，2010；章卫东，2010；赵玉芳等，2011；赵玉芳，夏新平和刘小元，2012），但对控股大股东与中小股东的代理问题如何影响定向增发后投资行为及投资效率关注有限。

拉波塔、洛佩兹德西兰和施莱弗（1997）的研究发现，股权集中现象在世界范围内普遍存在。虽然股权高度集中在一定程度上缓解了股权分散条件下股东与管理层之间的代理问题，但却增强了控股大股东谋取控制权私利的能力，从而产生了控股大股东对中小股东利益侵占的代理问题（Shleifer and Vishny，1997）。股权结构比较集中的企业既有动力和能力控制经理层的投资行为，也有强烈的动机去侵占中小股东的利益。在我国经济转型时期，企业股权结构较为集中（白重恩等，2005）。同时，我国资本市场相关投资者法律保护尚未健全，行业自律性较差。为了私利，大股东也有将其企业资源转移给自己或其他关联方的动机。

控股股东自身利益最大化的目标决定了他会利用一切可利用的机会为自己谋求最大化利益。定向增发的成功实施会影响上市公司投资决策，原因主要有三个方面。第一，定向增发完成后进行的投资表面上看与定向增发再融资行为的预设目的一致，但实际上可能为大股东侵占中小股东的利益提供了便利。大股东凭借对企业的控制权，容易根据自身利益实施投资行为，比如通过多元化投资转移公司资源，资源转移所产生的控制权收益归大股东享有。第二，通过定向增发再融资产生了自由现金流量，大股东为追求自身利益最大化，会选择将公司资金投向于能扩大公司规模但净现值为负或零的项目，但这个项目有利于自身利益，以构建控制性资源，侵害中小股东利益。留存在公司内部的自由现金流量越多，这种无效率投资行为越容易发生。第三，上市资源的稀缺使其具有先天的优势，上市公司可以通过配股、增发、定向增发等股权再融资方式募集资金。这种融资便利往往会进一步诱使大股东在投资决策中放松对投资项目的严格审查，扩大调配资金的权力，为自身转移资产等行为提供便利。因此，这种过度的融资便利就成为了上市公司投资过度的前提。因此，控股股东存在的利益侵占动机和其所具备的资产转移能力，使得上市公司的投资水平低于公司正常运营情况下的最优投资水平，即大股东侵占中小股东的代理问题导致定向增发后公司出现非效率投资[①]。上市公司的非效率投资会导致资金使用的低效率，甚至会使公司蒙受损失，从而导致公司价值的降低。因此，我们提出如下假设：

假设6.1：相对于没有实施任何再融资方式的公司而言，实施定向增发的公司在增发后更容易发生投资过度。

假设6.2：相对于没有实施任何再融资方式的公司而言，定向增发之后的投资过度更容易损害公司业绩。

我国上市公司的典型特征是股权高度集中，中小股东难以对大股东行为进行有效监督，大股东能够控制定向增发价格的制定和选择增发时机。虽然机构投资者有时作为特定对象参与增发，但由于折价发行对机构投资者和大股东都有利，与大股东“合谋”成为理性选择。因此，大股东在定向增发中很容易侵占中小投资者利益。通过股权分置改革，我国上市公司已经实现了大小股东同股同权，两者的利益开始趋于一致，大股东侵占小股东利益的行为在一定程度上得到了缓解。但是，定向增发后大股东持有股份不断增多，高度集中的股权使有些大股东有足够的动机和能力，实施有利于自身利益的投资以构建控制性资源，攫取控制权私有利益。同时，大股东购买的定向增发股票存在三年的锁定期限制，锁定期越长，风险越大，尤其对控股股东及实际控制人而言，无法分享股票价格上涨带来的收益，而且还要承担限售期内股价波动导致的市场风险。在大股东所持股份暂时不能够上市流通，在转移公司资源的其他方式受到愈加严格的市场监管和法律限制的条件下，定向增发完成后控制权私利冲动诱导大股东选择有利于自身利益最大化的投资决策，从而侵害中小股东的利益。

投资产生的收益一般包含公有收益和私有收益，其中公有收益是被上市公司各股东共同享有，私有收益则来自投资收益的外部性，比如在投资存续期内投资管理层的高额在职消费和薪酬、期权收益等，以及因投资收益的外部性给利益相关者带来的收益。另外，控股股东控制的上市公司，在向控股股东关联企业进行投资时或关联交易时，通过非公允交易，将投资的部分潜在收益输送

① 一般意义上的定向增发对象为控股股东，即大股东。

给关联方，从而降低上市公司的未来投资收益率。此时，控股股东或其关联方仍然获益，而其在上市公司的股权价值或可以分享的公有收益受到的影响不确定。投资存续期为一年的项目的收益现值为 $R = A(1+m)/(1-r) - A$，m 为投资收益率、r 为贴现率。假设控股股东股权比例为 p，则其可以分享的公有收益为 Rp，其中 $p<1$。若通过关联交易进行利益输送，使得投资项目收益率降为 $n(n<m)$，则控股股东获得的收益为 $A[p(n-r)+m-n]/(1+r)$，包括其分享的公有收益和通过非公允关联交易攫取的投资收益。这种情况下控股股东获得的收益与其在无非公允交易发生时的投资收益差额为 $A(m-n)(1-p)/(1+r)>0$，所以过度投资配合非公允关联交易，对控股股东更为有利。而没有大股东参与的定向增发，由于增持方不具备控制权，对定向增发后公司的投资行为影响较小。因此，我们提出如下假设：

假设 6.3：相对于大股东未参与定向增发的公司，大股东参与定向增发的公司在增发后更容易发生投资过度。

第三节　计量方法、数据和变量选择

一、样本的选取和数据来源

1. 研究样本选择

本章以 2006 年 5 月 8 日至 2009 年 12 月 31 日我国定向增发新股“最热”的年度进行定向增发的 A 股上市公司为观察样本，采用可比公司法和双重差分法，以检验中国上市公司定向增发后公司投资及投资效率问题。为了避免公司 IPO、多次配股、公开增发新股、发行可转债，以及在样本期间内多次进行定向增发新股等因素的影响，根据以下条件筛选研究样本：（1）不属于 B 股公司增发 A 股、A 股公司增发 H 股以及 H 股公司增发 A 股的公司；（2）不属于金融类上市公司进行定向增发的公司；（3）在定向增发前后三年未进行定向增发的公司；（4）在定向增发前后三年（包括定向增发当年）未进行配股、公开增发新股和发行可转债的公司。最后获得221家定向增发公司作为最终的样本，数据来自CSMAR数据库和WIND数据库。

2. 可比公司的选取

为了检验上市公司投资的变化是由于定向增发或大股东参与定向增发这一事件引起的，本章为上述研究样本逐一寻找相应的可比样本，尽可能排除其他因素的影响。在选取可比公司时以上市公司定向增发前一年为基准点，可比公司的要求如下：(1）除了满足研究样本选取的条件外，还要选择满足在样本期间没有进行定向增发、IPO、配股、公开增发新股和发行可转债等股权再融资方式[①]、并且未被ST、PT的公司；(2）与样本公司在同一行业，资产规模在样本公司资产规模20%～200%的范围，在此基础上选取盈利能力（息税前利润与总资产的比值）最相近的公司作为对照组样本；（3）如果用第二条选不到合适的可比样本，则不考虑行业因素，直接选取资产规模在定向增发公司资产规模70%～120%的范围内，与样本公司盈利能力（息税前利润与总资产的比值）最相近的公司作为对照组样本。

依据上述标准，2006年5月8日至2009年12月31日共有438家公司。剔除了缺失值和极端值，删除了各相关变量位于样本两端5%的观测值，最终得到样本公司415家，其中定向增发公司221家和可比公司194家[②]（如表6－1所示）。

表6－1　研究样本和可比样本情况

年度	研究样本	可比样本
2006	24	24
2007	72	72
2008	69	69
2009	56	56
合计	221	221

① 上市公司再融资是控股股东利用获得私利的重要工具，因此本书选取没有实施任何股权再融资方式的公司做可比样本，从而观察采取定向增发这种股权再融资方式对投资的影响，使本书的结果更有说服力。

② 在选取可比公司的过程中，有些样本公司的可比公司是相同的，可比公司相同的有27家。

二、模型设计与变量定义

1. 异常投资额（投资过度或投资不足）的计量

本章借鉴理查森（Richardson，2006）方法估算公司正常的资本投资水平。然后，用模型的回归残差来计量投资不足或投资过度的程度，公司正常的资本投资水平估计模型如下：

$$Iv_{new,t} = \beta_0 + \beta_1 Iv_{new,t-1} + \beta_2 size_{t-1} + \beta_3 lev_{t-1} + \beta_4 growth_{t-1} + \beta_5 cash_{t-1} + \beta_6 ret_{t-1} + \beta_7 age_{t-1} + \sum Industry + \sum Year + \varepsilon \quad (6.1)$$

公式（6.1）中各变量定义如下：因变量 $Iv_{new,t}$ 为 i 公司第 t 年的新增投资支出；$growth_{t-1}$ 代表公司成长机会，公司的成长机会越好，其资本投资量应该越大；$Iv_{new,t-1}$、$size_{t-1}$、lev_{t-1}、$cash_{t-1}$、ret_{t-1}、age_{t-1} 分别代表公司 t－1 年末的新增投资支出、公司规模、资产负债率、现金持有量、股票收益和上市年限。此外，模型中还加入行业变量 Industry 和年度变量 Year，考虑行业效应和年度效应。

通过采用中国 A 股上市公司 2004～2010 年的数据对模型（6.1）进行回归，我们可以得到各个公司 t 年预期的资本投资量 $Iv^*_{new,t}$。然后，用各个公司 t 年的实际投资量 $Iv_{new,t}$ 减去预期投资量 $Iv^*_{new,t}$，便可得到各个公司在 t 年的异常投资量 AI_t。如果 $AI_t > 0$，则其值为投资过度；如果 $AI_t < 0$，则其值为投资不足。Oiv_t 是哑变量，若公司 AI_t 值 >0 为投资过度，则取 1，否则取 0。文中各变量定义和计量见表 6－3。

2. 公司经营业绩的计量

巴尔维和里昂（Barber and Lyon，1996）认为，营业收入指标能较好地避免管理层在折旧摊销等会计科目上进行盈余操纵，比税后利润能更好地度量公司业绩和资产的生产效率，因而是度量公司业绩的更优指标。本章采用息税折旧摊销前利润除以总资产作为度量公司经营业绩的主要指标，用 ROA 来表示。同时，考虑到总资产包括经营性资产和非经营性资产，为了更好地度量经营性资产的生产效率，本章亦采用调整后的 ROA（ROS），即息税折旧摊销前利润/(总资产－现金）作为经营业绩的另一种度量指标。

3. 模型设定和变量

近年来，双重差分模型已经被广泛运用于检验政策改革的冲击和效果，比如税收法案（Guber and Poterba，1994；Maki，2001）、残疾人及童工劳动法案（Gruber，2000；Jolls，2004）、欧洲酒后驾驶法案（Albalate，2008）等。国内学者也采用该方法分析农村费税改革（周黎安和陈烨，2005）、地区放权的经济效率（史宇鹏和周黎安，2007）和增值税转型政策的经济效应（聂辉华、方明月和李涛，2009）。

我国定向增发在年度上是逐步进行的（如表6－2），定向增发融资一方面制造了同一个上市公司在定向增发前后投资的差异，另一方面又制造了在同一时点上实施定向增发和没有实施定向增发公司[①]的差异，从而类似于“自然实验”，将实施定向增发的公司视为“处理组（treatment group）”，未实施定向增发的公司视为“控制组（control group）”。因此，构建检验假设6.1的计量模型如下：

$$AI_{it}(Oiv_{it}) = \beta_0 + \beta_1 pp_{it} + \beta_2 X_{it} + \mu_t + \alpha_i + \varepsilon_{it} \tag{6.2}$$

表6－2　　上市公司定向增发年度分布情况

分类	2006年	2007年	2008年	2009年
大股东参与	13	42	53	34
未参与	11	30	16	22
总计	24	72	69	56

方程（6.2）中，AI_{it}是异常投资额；Oiv_{it}是虚拟变量，若公司AI_t值为投资过度则为1，否则为0。pp是虚拟变量，如果上市公司实施了定向增发则等于1，否则等于0。

X表示其他还会影响公司投资及投资效率的控制向量，包括公司规模（size）、资本结构（lev）、股利的持续性（qdps）、资金营运能力（qfcf）和成长机会（growth）等。μ_t是表示时间的虚拟变量，它包括：定向增发第一年

① 上市公司再融资是控股股东利用获得私利的重要工具，股权再融资后大股东会通过投资过度侵占中小股东的利益，因此选取没有实施任何股权再融资方式的公司为“控制组”，从而观察定向增发公司（处理组）对投资的影响，使本书的结果更有说服力。

($year_1$)，若定向增发后第一年取“1”，否则取“0”；定向增发第二年($year_2$)，若定向增发第二年取“1”，否则取“0”；定向增发第三年($year_3$)，若定向增发后第三年取“1”，则取“0”；定向增发第四年($year_4$)，若定向增发后第四年取“1”，否则取“0”。α_i 表示个体 i 不随时间而变化的特征。

为了检验假设 6.2，设定待检验的方程为①：

$$ROA_{it} = \beta_0 + \beta_1 pp_{it} + \beta_2 Oiv_{it} + \beta_3 Oiv_{it} \times pp_{it} + \beta_4 X_{it} + \mu_t + \alpha_i + \varepsilon_{it} \quad (6.3)$$

方程（6.3）中除 ROA_{it} 外，其他变量与方程（6.2）相同。ROA_{it} 是衡量公司业绩的变量，等于息税折旧摊销前利润/总资产。

同理，为了检验假设 6.3，设定待检验的方程为②：

$$AI_{it}(Oiv_{it}) = \beta_0 + \beta_1 participate_{it} + \beta_2 X_{it} + \mu_t + \alpha_i + \varepsilon_{it} \quad (6.4)$$

方程（6.4）中除 participate 外，其他变量与方程（6.2）相同。participate 是虚拟变量，如果大股东参与定向增发，则 participate 等于 1，否则等于 0。μ_t 表示时间的虚拟变量，它包括：大股东参与第一年($year_1$)，若大股东参与后第一年取“1”，否则取“0”；大股东参与第二年($year_2$)，若大股东参与后第二年取“1”，否则取“0”；大股东参与第三年($year_3$)，若大股东参与后第三年取“1”，否则取“0”；大股东参与当年($year_4$)，若大股东参与后第四年取“1”，否则取“0”。α_i 表示个体 i 不随时间而变化的特征。

各变量具体定义如表 6－3 所示。

表 6－3　　变量定义及解释

主要变量	名称	解释
新增投资支出	Iv_{new}	(固定资产、在建工程、工程物质、无形资产和长期投资的原值年度变化额)/年初总资产－(固定资产折旧、无形资产和长期待摊费用的年度变化额)/年初总资产
异常投资额	AI	异常投资额，用新增投资额 Iv_{new} 减去由模型（1）估计得到的预期投资额 Iv^*_{new}

① 此处也使用双重差分的计量方法，主要基于几个方面的考虑：首先，我国定向增发在年度上是逐步进行的，大股东参与定向增发，这样一来大股东参与定向增发在年度上也是逐步进行的；其次，大股东参与定向增发一方面制造了同一个上市公司在大股东参与定向增发前后公司投资的差异，另外一方面又制造了在同一时点上大股东未参与定向增发和大股东参与定向增发上市公司之间的差异，进而可以识别出该事件的经济效果；最后，双重差分方法能够更好地反映大股东参与定向增发的变化。

② 此处也使用双重差分的计量方法，理由同上。

续表

主要变量	名称	解释
投资过度哑变量	Oiv	若公司 AI 值 >0 为投资过度，则取 1，否则取 0
公司经营业绩	ROA	息税折旧摊销前利润/总资产
调整公司经营业绩	ROS	息税折旧摊销前利润/(总资产 - 现金)
定向增发哑变量	pp	若公司进行定向增发或者已经完成定向增发，则取“1”，否则取“0”
大股东参与哑变量	participate	若大股东参与定向增发或者大股东参与定向增发已经完成，则取“1”，否则取“0”
定向增发或大股东参与第一年	$year_1$	定向增发或大股东参与后第一年取“1”，否则取“0”
定向增发或大股东参与第二年	$year_2$	定向增发或大股东参与后第二年取“1”，否则取“0”
定向增发或大股东参与第三年	$year_3$	定向增发或大股东参与后第三年取“1”，否则取“0”
定向增发或大股东参与第四年	$year_4$	定向增发或大股东参与后第四年取“1”，否则取“0”
控制变量	名称	解释
公司成长机会	growth	(上市公司本年末营业收入 - 上市公司上年末营业收入)/上市公司上年末营业收入
公司规模	size	公司年末总资产的自然对数
财务杠杆	lev	资产负债率，上市公司年末总负债/年末总资产
公司现金	cash	2007 年之前用“（现金 + 短期投资净额）/总资产”度量；2007 年之后用“（现金 + 交易性金融资产）/总资产”度量
上市年限	age	公司上市年限
股票收益率	ret	公司的股票收益，用公司市值的年度变化额来度量
股利的持续性	qdps	公司上一年派发的每股现金股利
资金营运能力	qfcf	公司上一年的每股经营现金流量
年度虚拟变量	Year	各年度行业虚拟变量，考虑年度效应
行业虚拟变量	Industry	各行业虚拟变量，考虑行业效应

三、描述性统计

表 6－4 是对主要变量的描述性统计。从表 6－4 可以看出，样本公司的异常投资额 AI 的均值为 0.0016，异常投资额最大值为 1.844，最小值为－1.4775。这表明公司之间的异常投资额存在较大的差别，有的公司存在严重的投资过度行为，而有的公司存在严重的投资不足行为。样本公司的投资过度 Oiv 的均值为 0.4042，表明投资过度公司在全样本中所占比例平均为 40.42%。这表明，定向增发后公司存在严重的投资过度行为。样本公司经营业绩 ROA 的均值为 0.838，公司经营业绩最大值为 0.4899，最小值为－1.3361。这表明增发后公司之间的经营业绩存在较大的差异，有的公司经营业绩非常好，而有的公司经营业绩非常差。样本公司的定向增发 pp 的均值为 0.3049，表明公司实施定向增发在全样本中所占比例平均为 30.49%。大股东参与定向增发 participate 的均值为 0.192，表明完成大股东参与定向增发公司在全样本中所占比例平均为 19.2%。这些表明，定向增发后公司的异常投资额非常严重，尤其是大股东参与定向增发的公司的投资过度行为更加严重。

表 6－4　　　　主要变量的描述性统计

变量	N	均值	标准差	最小值	中位数	最大值
AI	415	0.0016	0.2067	－1.4775	0.0018	1.844
Oiv	415	0.4042	0.4908	0	0	1
ROA	415	0.0838	0.0891	－1.3361	0.0795	0.4899
pp	415	0.3049	0.4605	0	0	1
participate	415	0.192	0.394	0	0	1
size	415	21.6845	1.0727	17.5367	21.6562	26.1563
lev	415	0.5344	0.1989	0.0017	0.5397	2.2581
qdps	415	0.0792	0.1471	0	0.02	1.8684
qfcf	415	0.1533	0.6866	－4.1653	0.0491	4.847
growth	415	0.3281	2.2151	－0.999	0.14	74.4772

第四节　实证结果与分析

一、单变量分析

1. 定向增发与异常投资

表6－5列示定向增发前后公司的异常投资额。由表6－5可知：

第一，定向增发前2年和定向增发之后2年公司的AI均值分别为－0.0190和0.0809，两者差异在统计上显著（t＝4.898），表明这些公司在定向增发前后的投资额存在显著差异：在定向增发之前表现为投资不足，但在定向增发之后表现为投资过度。而对于可比公司，前2年和后2年的AI均值分别为－0.0192和－0.0291，但可比公司的异常投资额在两个期间内并不存在显著差异。第二，"差异中的差异"① 方法（DID）的分析结果表明，两组样本的差异在统计上显著（t＝4.696），说明相对于可比公司，样本公司在定向增发前后的投资存在显著差异。第三，样本公司的异常投资额在定向增发之前的样本期间内和可比公司不存在显著差异（AI均值之差为0.0002，t＝0.010），而在定向增发之后比可比公司高（AI均值之差为0.11，t＝5.554），说明相对于可比公司，定向增发之前可比公司和样本公司的投资没有差异，而定向增发之后样本公司的投资过度十分严重，为假设6.1提供了初步的证据。

2. 定向增发与公司业绩

表6－6列示了定向增发前后公司业绩的变化情况②。首先，样本公司的ROA在定向增发前2年公司的均值为2.5331，而定向增发之后2年均值为2.1604，公司业绩下降了0.3727百分点，且两者差异在统计上显著（t＝

① 本书借鉴伯特兰等（2003）所采用的"差异中的差异"方法对"研究样本"（定向增发公司）与"可比样本"（没有进行任何股权再融资方式的公司）在定向增发前后异常投资额的差异。

② ROA均值和ROS均值的分析结果基本相同，因此下文主要以ROA均值的分析为主。

-1.77)。但可比公司的 ROA 在前后两段时间的差异显著为 0.3993，表明样本公司的业绩显著降低，而可比公司的业绩增加。而且，本章亦采用“差异中的差异”方法对两组样本前后期间 ROA 的差异进行了分析，结果显示两组样本的 ROA 的差异达到 -0.772，且在统计上非常显著（t = -2.656），说明相对于可比公司，样本公司的业绩在定向增发后显著变差。为假设 6.2 提供了初步的证据。

表 6-5　　定向增发公司与可比公司

分类	AI 均值		
	增发之前 (-2 ~ -1)	增发之后 (1 ~ 2)	差异
定向增发公司	-0.0190	0.0809	0.0999*** (4.898)
可比公司	-0.0192	-0.0291	-0.0099 (-0.836)
差异	0.0002 (0.010)	0.1100*** (5.554)	0.1098*** (4.696)

注：括号中的数值为 t 统计量。*、** 和 *** 分别表示 10%、5% 和 1% 的显著性水平。

表 6-6　　定向增发公司与可比公司的业绩

分类	ROA 均值			ROS 均值		
	增发之前 (-2 ~ -1)	增发之后 (1 ~ 2)	差异	增发之前 (-2 ~ -1)	增发之后 (1 ~ 2)	差异
定向增发公司	2.5331	2.1604	-0.3727* (-1.77)	0.1101	0.0941	-0.0160*** (-2.459)
可比公司	2.4281	2.8274	0.3993** (2.031)	0.1059	0.1044	-0.0015 (-0.182)
差异	0.105 (0.462)	-0.667*** (-3.771)	-0.7720*** (-2.656)	0.0042 (0.637)	-0.0104*** (1.347)	-0.0145 (-1.381)

注：括号中的数值为 t 统计量。*、** 和 *** 分别表示 10%、5% 和 1% 的显著性水平。

3. 大股东参与和异常投资

表6－7列示大股东参与和大股东未参与前后的异常投资额。由表6－7可知：把样本公司分为大股东参与和大股东未参与。首先，大股东参与公司的AI在增发前2年的均值为－0.0289，而增发后2年的AI均值为0.0971，AI增加了0.1260，且在统计上非常显著（t＝4.515）。大股东未参与公司的AI均值之差为0.0435，存在显著性差异（t＝1.930），说明大股东参与和未参与公司的异常投资额都发生了变化。其次，本章亦采用“差异中的差异”方法对两组样本前后期间AI的差异进行了分析，结果显示两组样本的AI的差异达到0.0825（t＝1.833），说明相对于大股东未参与公司，大股东参与公司在定向增发后的投资过度现象更加严重。最后，在定向增发之前，大股东参与公司的AI为－0.0289，低于大股东未参与公司的AI，两者的差异为0.0313，且在统计上显著（t＝－1.736）；在定向增发之后，大股东参与公司的AI为0.0971，高于大股东未参与公司的AI，但这种差异不具有显著性，表明大股东参与公司在定向增发之前存在投资不足，而大股东参与公司在定向增发之后进行了大量的投资过度。这初步验证了本章的假设6.3。

表6－7　　大股东参与和大股东未参与

分类	AI均值		
	增发之前（－2～－1）	增发之后（1～2）	差异
大股东参与	－0.0289	0.0971	0.1260*** （4.515）
大股东未参与	0.0024	0.0459	0.0435* （1.930）
差异	－0.0313* （－1.736）	0.0512 （1.279）	0.0825* （1.833）

注：括号中的数值为t统计量。*、**和***分别表示10%、5%和1%的显著性水平。

二、多元回归分析

1. 定向增发与异常投资

表6－8报告了定向增发影响异常投资的检验结果。从（1）至（4）栏报告

了定向增发 pp 变量系数的双重差分估计量，它们是整个样本中固定效应面板模型设定的回归结果①。

（1）栏定向增发 pp 的回归系数显著大于零，这说明定向增发导致上市公司增发后的异常投资额显著增加。另外，为了考察定向增发对异常投资额增加的影响在时间上的变化趋势，（2）栏考察了“定向增发之后的每年”对异常投资额的影响，结果表明相对于可比公司，定向增发公司的异常投资额更多，而且在定向增发第一年 $year_1$ 的异常投资额显著为正。但是从定向增发公司第二年开始，异常投资额每一年都有所增加，但定向增发年度虚拟变量的系数估计值逐年减少，具有不显著性。（1）至（2）栏中估计的定向增发 pp 对定向增发后异常投资额的影响都显著。这些结果表明相对于没有实施任何再融资方式的可比公司而言，定向增发公司的异常投资更严重。

异常投资额包括投资不足和投资过度，为了证明定向增发公司更容易发生投资过度的问题，引用投资过度 Oiv 虚拟变量作为因变量。（3）栏定向增发 pp 的回归系数显著大于零，这说明：相对于可比公司，定向增发公司在增发后更容易发生投资过度行为。另外，为考察定向增发对投资过度的影响在时间上的变化趋势，（4）栏考察了“定向增发之后的每年”对投资过度的影响，结果表明相对于没有实施任何再融资方式的可比公司，定向增发公司的投资过度更多，而且在定向增发第一年、第二年和第三年的投资过度显著为正。然而定向增发后第三年，定向增发公司投资过度为负。（3）至（4）栏中估计的定向增发 pp 对定向增发后投资过度的影响都显著，这表明相对于没有实施任何再融资方式的可比公司而言，实施定向增发的公司更容易投资过度。这与本章单变量检验结果一致，从而进一步验证了假设 6.1。

表 6－8　　　　定向增发公司与异常投资关系的检验结果

变量	AI		Oiv	
	（1）	（2）	（3）	（4）
pp	0.0318* （1.71）	0.0347* （1.81）	0.123* （1.94）	0.153** （2.36）

① 通过 Hausman 检验，拒绝了原假设，采用固定效应方法进行估计。

续表

变量	AI		Oiv	
	(1)	(2)	(3)	(4)
$year_1$		0.0360** (2.34)		0.112** (2.15)
$year_2$		0.0201 (1.32)		0.112** (2.17)
$year_3$		0.0046 (0.30)		-0.0914* (-1.76)
$year_4$		0.0144 (0.92)		0.142*** (2.70)
size	0.310*** (15.20)	0.312*** (15.19)	0.470*** (6.76)	0.477*** (6.86)
lev	-0.0013 (-0.02)	-0.0090 (-0.17)	-0.179 (-0.99)	-0.190 (-1.05)
qdps	-0.125*** (-3.21)	-0.119*** (-3.06)	-0.153 (-1.15)	-0.139 (-1.06)
qfcf	0.0052 (1.08)	0.0047 (0.95)	-0.0008 (-0.05)	-0.0151 (-0.91)
growth	0.0014 (0.90)	0.0011 (0.71)	0.0003 (0.06)	-0.0008 (-0.15)
Industry	Yes	Yes	Yes	Yes
Cons	0.145 (1.34)	0.141 (1.30)	0.142 (0.39)	0.137 (0.38)
R^2	0.188	0.192	0.057	0.075
N	415	415	415	415

注：*、** 和 *** 分别表示 10%、5% 和 1% 的显著性水平，括号中的数字为怀特（White, 1980）异常差校正后的 t 值。

2. 定向增发公司的投资过度影响公司业绩

表 6-9 列示了定向增发后投资过度对公司业绩影响的检验结果。从（1）至（3）栏报告了整个样本中固定效应面板模型设定的回归结果①。

① 通过 Hausman 检验，拒绝了原假设，采用固定效应方法进行估计。

从定向增发 pp 系数来看，负值表明定向增发带来了上市公司业绩的显著下降，进一步研究投资过度对公司业绩的影响，从（1）和（2）栏 Oiv 系数来看，对于全部时间样本而言，投资过度导致公司业绩的下降，但不显著。原因在于投资过度包括样本公司和可比公司，可比公司的投资过度可能对公司业绩影响很小。为了证明定向增发公司的投资过度会影响公司的业绩，加入交叉项 Oiv × pp，Oiv × pp 的系数显著为负，说明定向增发 pp 对公司业绩存在显著影响，即相对于没有实施任何再融资方式的可比公司，定向增发之后的投资过度更容易导致公司业绩的下降。第（3）栏的 year × Oiv 系数表明，在定向增发之后的每年，Oiv 的系数都为负，且在定向增发之后的第一年、第二年和第四年有显著影响，这说明在定向增发之后，投资过度损害了公司的业绩，即相对于没有实施任何再融资方式的可比公司而言，定向增发之后的投资过度更容易损害公司的业绩，这进一步验证了假设 6.2。

表 6-9　　投资过度与业绩变化关系的检验结果

变量	ROA		
	(1)	(2)	(3)
pp	-0.0691*** (-8.34)	-0.0638*** (-7.28)	-0.0635*** (-7.47)
Oiv	-0.0034 (-1.00)	-0.0008 (-0.23)	
Oiv × pp		-0.0150* (-1.85)	
$year_1$ × Oiv			-0.0245*** (-2.76)
$year_2$ × Oiv			-0.0334*** (-4.08)
$year_3$ × Oiv			-0.0110 (-1.17)
$year_4$ × Oiv			-0.0177** (-2.13)
size	0.0866*** (9.40)	0.0876*** (9.50)	0.0901*** (9.75)

续表

变量	ROA		
	(1)	(2)	(3)
lev	-0.496*** (-21.01)	-0.494*** (-20.91)	-0.498*** (-21.18)
qdps	-0.0068 (-0.39)	-0.0067 (-0.39)	-0.0102 (-0.59)
qfcf	-0.0028 (-1.29)	-0.0027 (-1.25)	-0.0025 (-1.15)
growth	0.0022*** (3.36)	0.0023*** (3.41)	0.0021*** (3.22)
Industry	Yes	Yes	Yes
Constant	0.187*** (3.89)	0.187*** (3.90)	0.191*** (4.00)
R^2	0.265	0.267	0.276
N	415	415	415

注：由于样本公司定向增发是逐年进行，因此，公司业绩的回归样本有所减少。*、** 和 *** 分别表示 10%、5% 和 1% 的显著性水平，括号中的数字为怀特（1980）异常差校正后的 t 值。

3. 大股东参与定向增发影响异常投资

表 6-10 报告了大股东参与定向增发影响异常投资的检验结果。从（1）至（4）栏报告了大股东参与 participate 变量系数的双重差分估计量，它们是整个样本中固定效应面板模型设定的回归结果①。

（1）栏大股东参与定向增发 participate 的回归系数显著大于零，说明大股东参与定向增发导致上市公司增发后的异常投资额显著增加。另外，为了考察大股东参与定向增发对异常投资额增加的影响在时间上的变化趋势，（2）栏反映了“大股东参与定向增发之后的每年”对异常投资额的影响，结果表明相对于大股东未参与定向增发而言，大股东参与定向增发的异常投资额更多，而且大股东参与第一年 $year_1$ 的异常投资额显著为正。从大股东参与后第二年开始，公司的异常投资额都有所增加，不具有显著性。（1）至（2）栏中估计的大股东参

① 通过 Hausman 检验，拒绝了原假设，采用固定效应方法进行估计。

与定向增发 participate 对大股东参与定向增发后异常投资额的影响都显著，表明相对于大股东未参与定向增发的公司而言，大股东参与定向增发公司的异常投资更为严重。为了证明大股东参与定向增发公司更容易发生投资过度的问题，引用投资过度 Oiv 虚拟变量作为因变量。（3）栏大股东参与定向增发 participate 的回归系数显著大于零，表明相对于大股东未参与定向增发的公司，大股东参与定向增发导致上市公司增发后的投资过度更加严重。为了考察大股东参与定向增发对投资过度的影响在时间上的变化趋势，（4）栏考察了“大股东参与定向增发之后的每年”对投资过度的影响，结果表明相对于大股东未参与定向增发的公司，大股东参与定向增发公司的投资过度每一年都有所增加。（3）至（4）栏中估计的大股东参与定向增发 participate 对定向增发后投资过度的影响都显著。这表明相对于大股东未参与定向增发的公司，大股东参与定向增发的公司在增发后更容易发生投资过度。这进一步验证了假设 6.3。

表 6－10　　大股东参与和异常投资关系的检验结果

变量	AI		Oiv	
	（1）	（2）	（3）	（4）
participate	0.0671*** （2.68）	0.0762*** （2.93）	0.205** （2.57）	0.225*** （2.74）
$year_1$		0.0528** （2.26）		0.263*** （3.56）
$year_2$		0.0212 （0.91）		0.156** （2.12）
$year_3$		0.0169 （0.74）		0.243*** （3.33）
$year_4$		0.0313 （1.34）		0.236*** （3.20）
size	0.290*** （11.09）	0.289*** （11.01）	0.391*** （4.69）	0.397*** （4.78）
lev	0.0337 （0.45）	0.0351 （0.46）	－0.183 （－0.76）	－0.198 （－0.82）
qdps	－0.149*** （－2.83）	－0.150*** （－2.84）	－0.0771 （－0.46）	－0.0812 （－0.49）

续表

变量	AI		Oiv	
	(1)	(2)	(3)	(4)
qfcf	0.0083 (1.32)	0.0066 (1.03)	0.0169 (0.84)	0.0011 (0.05)
growth	0.0015 (0.72)	0.0012 (0.57)	0.0018 (0.27)	0.0009 (0.14)
Industry	Yes	Yes	Yes	Yes
Constant	0.0897 (0.76)	0.0613 (0.51)	0.0467 (0.12)	-0.111 (-0.29)
R^2	0.217	0.222	0.074	0.094
N	221	221	221	221

注：*、** 和 *** 分别表示 10%、5% 和 1% 的显著性水平，括号中的数字为 White（1980）异常差校正后的 t 值。

值得注意的是，在表 6-8 中，考察“定向增发之后的每年”对异常投资的影响时，定向增发第一年的系数都显著为正。在表 6-10 中，考察大股东参与定向增发之后的每年对异常投资的影响时，大股东参与定向增发第一年的系数也都显著为正。这说明，参与定向增发的大股东在定向增发后通过实施有利于自身利益的投资以构建控制性资源，攫取控制权私利。

此外，通过考察控制变量可以发现，在表 6-8 和表 6-10 中，公司规模（size）对异常投资的影响都显著为正，这说明，大公司的大股东凭借对企业的控制权优势，根据自身利益实施更多的异常投资，投资的项目净现值可能为负或者零，但这个项目有利于自身利益，从而构建控制性资源，侵占中小股东的利益。以上的研究结果都表明，上市公司进行定向增发并不是为了筹集资金，他们只是通过定向增发这种股权融资方式来向自身进行利益输送。

三、稳健性检验

为进一步验证结论的稳健性，在理查森（2006）的模型基础上加入定向增发认购方式的虚拟变量 zc，如果大股东用资产认购股份，则 zc 取 1，否则取 0。

同时，用上市公司当年的每股现金股利（div）和每股经营现金流量（fcf）代替上市公司上一年的每股股利（qdps）和每股经营现金流量（qfcf），用 ROS 来替代模型（3）的 ROA 进行相应检验。以下均为固定效应面板模型设定的回归结果。

表 6－11 是对定向增发影响异常投资的稳健性检验。表 6－11 中（1）至（2）栏的回归结果显示，定向增发 pp 对公司的异常投资额具有显著正向影响。（3）和（4）栏的回归结果表明定向增发 pp 对公司增发后的投资过度也具有显著正向影响，这说明相对于没有实施任何再融资方式的可比公司，定向增发公司在增发后更容易投资过度，该结果为支持假设 6. 3 提供了进一步的证据。

表 6－11　　定向增发公司与异常投资关系的稳健性检验结果

变量	AI		Oiv	
	（1）	（2）	（3）	（4）
pp	0. 0351 * （1. 93）	0. 0348 * （1. 85）	0. 102 * （1. 70）	0. 116 * （1. 79）
$year_1$		0. 0350 ** （2. 32）		0. 111 ** （2. 13）
$year_2$		0. 0168 （1. 12）		0. 121 ** （2. 35）
$year_3$		0. 0098 （0. 66）		－0. 0717 （－1. 39）
$year_4$		0. 0024 （0. 16）		0. 111 ** （2. 10）
size	0. 336 *** （16. 48）	0. 339 *** （16. 54）	0. 512 *** （7. 22）	0. 517 *** （7. 28）
lev	－0. 0186 （－0. 36）	－0. 0281 （－0. 54）	－0. 222 （－1. 23）	－0. 240 （－1. 33）
div	0. 0369 （0. 96）	0. 0303 （0. 79）	－0. 0333 （－0. 25）	－0. 0537 （－0. 40）
fcf	－0. 0298 *** （－6. 45）	－0. 0299 *** （－6. 37）	－0. 0271 * （－1. 69）	－0. 0148 （－0. 91）
growth	0. 0008 （0. 52）	0. 0005 （0. 36）	－0. 0002 （－0. 05）	－0. 0011 （－0. 21）

续表

变量	AI		Oiv	
	(1)	(2)	(3)	(4)
zc	-0.107*** (-6.44)	-0.108*** (-6.46)	-0.186*** (-3.21)	-0.184*** (-3.18)
Industry	Yes	Yes	Yes	Yes
Cons	0.179* (1.70)	0.176* (1.67)	0.176 (0.48)	0.169 (0.46)
R^2	0.225	0.229	0.066	0.080
N	415	415	415	415

注：*、** 和 *** 分别表示 10%、5% 和 1% 的显著性水平，括号中的数字为 White（1980）异常差校正后的 t 值。

表 6-12 是对定向增发公司的投资过度影响公司业绩的稳健性检验。在表 6-12 中，我们使用 ROS 作为被解释变量，以检验投资过度对公司业绩的影响。发现定向增发 pp 的系数显著为负，表明定向增发导致公司业绩的下降，（2）栏的 Oiv 系数为负，但不显著，而 Oiv × pp 负的显著系数表明定向增发公司的投资过度损害了公司的业绩。进一步从 year 与 Oiv 的交叉项看，相对于没有实施任何再融资方式的可比公司，定向增发后的投资过度更容易损害公司的业绩，为支持假设 6.2 提供了进一步证据。

表 6-12　　投资过度与业绩变化关系的稳健性检验结果

变量	ROS		
	(1)	(2)	(3)
pp	-0.0701*** (-8.46)	-0.0653*** (-7.50)	-0.0645*** (-7.58)
Oiv	-0.0032 (-0.95)	-0.0007 (-0.20)	
Oiv × pp		-0.0144* (-1.80)	
$year_1$ × Oiv			-0.0239*** (-2.70)

续表

变量	ROS		
	(1)	(2)	(3)
$year_2 \times Oiv$			-0.0322*** (-3.93)
$year_3 \times Oiv$			-0.0104 (-1.11)
$year_4 \times Oiv$			-0.0180** (-2.17)
size	0.0829*** (8.79)	0.0841*** (8.91)	0.0872*** (9.23)
lev	-0.493*** (-20.87)	-0.491*** (-20.80)	-0.495*** (-21.05)
div	0.0505*** (2.89)	0.0496*** (2.85)	0.0485*** (2.80)
fcf	0.0024 (1.14)	0.0022 (1.05)	0.0016 (0.74)
growth	0.0022*** (3.33)	0.0022*** (3.37)	0.0021*** (3.18)
zc	-0.0072 (-0.94)	-0.0061 (-0.80)	-0.0069 (-0.92)
Industry	Yes	Yes	Yes
Cons	0.304*** (2.80)	0.302*** (2.78)	0.392*** (3.73)
R^2	0.269	0.271	0.279
N	415	415	415

注：由于样本公司定向增发是逐年进行，因此公司业绩的回归样本有所减少。*、** 和 *** 分别表示 10%、5% 和 1% 的显著性水平，括号中的数字为怀特（1980）异常差校正后的 t 值。

表 6-13 是对大股东参与定向增发影响异常投资的稳健性检验。在表 6-13 中，（1）至（2）栏的回归结果显示，大股东参与定向增发 participate 对公司的异常投资额具有显著的正向影响。（3）和（4）栏的回归结果显示，大股东参与定向增发 participate 对公司增发后的投资过度具有显著的正向影响，表明相对于

大股东未参与定向增发的公司，大股东参与定向增发的公司在增发后更容易发生投资过度。这为假设 6. 3 的验证提供了进一步的证据。

表 6 - 13　　大股东参与定向增发和异常投资关系的稳健性检验结果

变量	AI		Oiv	
	(1)	(2)	(3)	(4)
participate	0. 0611** (2. 52)	0. 0667*** (2. 65)	0. 161** (2. 02)	0. 161* (1. 95)
$year_1$		0. 0457** (2. 03)		0. 228*** (3. 09)
$year_2$		0. 0158 (0. 71)		0. 132* (1. 81)
$year_3$		0. 0072 (0. 32)		0. 234*** (3. 18)
$year_4$		0. 0099 (0. 45)		0. 161** (2. 21)
size	0. 323*** (12. 35)	0. 323*** (12. 33)	0. 449*** (5. 20)	0. 449*** (5. 23)
lev	-0. 0205 (-0. 28)	-0. 0160 (-0. 21)	-0. 286 (-1. 18)	-0. 283 (-1. 16)
div	0. 0427 (0. 82)	0. 0345 (0. 66)	-0. 0948 (-0. 55)	-0. 0981 (-0. 57)
fcf	-0. 0333*** (-5. 51)	-0. 0337*** (-5. 46)	-0. 0335* (-1. 68)	-0. 0225 (-1. 11)
growth	0. 0003 (0. 14)	0 (0. 00)	0. 0008 (0. 11)	0. 0003 (0. 04)
zc	-0. 107*** (-5. 83)	-0. 106*** (-5. 73)	-0. 187*** (-3. 11)	-0. 191*** (-3. 16)
Industry	Yes	Yes	Yes	Yes
Cons	0. 135 (1. 19)	0. 112 (0. 97)	0. 123 (0. 33)	-0. 0135 (-0. 04)
R^2	0. 266	0. 271	0. 087	0. 102
N	221	221	221	221

注：*、** 和 *** 分别表示 10%、5% 和 1% 的显著性水平，括号中的数字为 White（1980）异常差校正后的 t 值。

第五节　本章小结

本章分析了定向增发是否会对公司投资行为及投资效率产生影响，以及大股东对定向增发后投资的影响。以 2006 年 5 月 8 日至 2009 年 12 月 31 日沪深实施定向增发的公司为样本，本章运用可比公司法和双重差分法对中国上市公司定向增发后的投资行为及投资效率进行了实证研究。结果表明相对于没有实施任何再融资方式的可比公司，实施定向增发的公司在增发后更容易投资过度；相对于没有实施任何再融资方式的可比公司，定向增发之后的投资过度更容易损害公司的业绩；相对于大股东未参与定向增发的公司，大股东参与定向增发的公司在增发后更容易发生投资过度。这些结论证实我国上市公司的大股东具有在定向增发后通过实施有利于自身利益的投资以构建控制性资源、攫取控制权私利的行为倾向。

上市公司大股东具有控制权优势和利益输送的内在动机。同时，我国对上市公司定向增发后的投资行为缺乏有效约束，使得部分上市公司定向增发后大股东进行投资的行为表面上看与定向增发再融资行为的预设目的相一致，但是实质基于控制权私利冲动可能会诱导部分大股东选择多元化投资或者投资于能扩大公司规模但净现值为负或零的项目，从而以构建控制性资源，侵害中小股东的利益。这严重背离了上市公司支持新项目或扩大经营规模的再融资行为的预设目的。因此，监管当局应当针对这一新现象，健全相关法律法规，在积极推行定向增发股权再融资方式的同时，规范定向增发公司的投资，让募集资金进行真正的投资，即用于支持新项目或扩大经营规模，使得未来投资收益成为各类投资者的共享利益，切实维护广大中小投资者的权益，推动资本市场的健康发展。

第七章
结束语

第一节 研究结论

虽然中国上市公司定向增发股权再融资方式是股权分置改革之后才出现的新生事物，但是短短的5年时间，它已经成为中国资本市场上最流行的股权再融资方式之一。国内学者主要集中于研究定向增发过程前或增发过程中的高折价发行、长期停牌、注入劣质资产以及盈余管理等方式向定向增持方进行利益输送，以及定向增发的长期市场反应等方面。这些研究主要集中于定向增发过程前或增发过程中利益输送行为问题，它们导致了定向增发的长期市场反应欠佳。然而，定向增发后可能仍然存在向定向增持方进行利益输送的行为。本书应用定向增发长期市场反应的理论、利益输送理论和大小股东代理冲突下大股东参与定向增发利益输送的理论框架，对上市公司的定向增发中伴随的利益输送问题进行了深入的研究。笔者认为，不仅定向增发过程前或过程中存在向定向增持方输送利益的行为，在定向增发完成后也存在向定向增持方输送利益的行为。为了深入认识中国上市公司定向增发中伴随的利益输送问题，以便为证券管理部门制定股权再融资的监管政策提供理论依据，使定向增发股权再融资募集资金的使用更加有效率。本书从理论上和实证上对中国上市公司定向增发中伴随的利益输送问题进行了较为深入的、系统的研究，并得出了如下结论：

（1）上市公司大股东具有控制权优势和利益输送的内在动机，他们会通过各种途径向自身进行利益输送。与其他融资方式相比，定向增发具有发行程序简单、定价方式灵活、审批程序短等优点。但是，它在增发对象和增发股份流通方面存在严格限制，尤其是控股股东等增发对象要承担三年限售期内的股价波动带来的市场风险与损失。定向增发后，大股东可以在不影响中小股东行为的情况下，通过现金分红攫取更多的利益，而且通过现金分红进行利益输送更加隐蔽，现金分红表面上看是一种共享收益，具有合法化外衣，慷慨的现金股利政策受到中小股东的欢迎。另外，定向增发发行成本低，受到的制度约束较少，大股东具有较大的自由度，这给其利用现金分红向自身输送利益预留了较大的空间。本书的研究结果表明：一些上市公司定向增发后，大股东可以利用现金分红变相侵害中小股东的利益，向自身输送利益。

（2）中国资本市场是一个新兴加转型的市场，其发展历程具有一定的特殊性。大部分上市公司都是国有企业改制而来，原国有企业成为上市公司的大股东。但他们的股票无法上市交易。为了维持母公司发展，部分大股东利用自身控股地位通过各种手段“掏空”上市公司，以满足自身发展需要。在国有股东没有其他收入来源，其面临生存困难时，加上他们的股票无法享有价格上涨带来的收益，占用上市公司资金就成为一些大股东维持原国有企业及其控制的子公司的发展和获取投资回报的一种手段。同时，我国民营上市公司多数被个人或者家族成员掌控，部分公司为了实现自身利益最大化，也会存在侵占上市公司和中小股东的资金的动机。本书的研究结果表明：定向增发后，上市公司的大股东存在通过占用上市公司的资金，实施有利于自身利益最大化行为，在这种情况下资金占用异化成实现大股东利益的一种手段。

（3）中国上市公司的大股东认购定向增发股份后，在高度集中的股权结构下大股东进行利益输送更加便利。大股东凭借控制权优势直接主导上市公司的投资决策，并影响资本投资行为。通过定向增发股权再融资产生的自由现金流量，大股东会将其投向有利于自身利益但净现值为负或为零的项目，从而构建控制性资源。公司内部留存的自由现金流量越多，这种非效率的投资行为越容易发生。本书研究结果表明：我国部分上市公司的大股东在定向增发后通过实施有利于自身利益的投资掌握控制性资源（比如投资于一个净现值为负或零的项目、通过多元化投资转移公司资源），通过攫取控制权私利以实现自身利益最大化。

综上所述，本书研究证实定向增发股权再融资方式成为一些控股股东获得控制权私利的一种新工具，定向增发后大股东会通过派发现金股利、侵占上市公司的资金、投资于一个净现值为负或零的项目等方式向自身输送利益。另外，本书运用双重差分法，研究了上市公司定向增发前后的现金分红、资金占用、投资过度的情况，从而更好地揭示我国部分上市公司大股东存在在定向增发后通过现金分红、侵占上市公司的资金、投资于一个净现值为负或零的项目实现向自身输送利益的目的的行为，侵害了中小股东利益。

第二节 政策建议

根据本书的研究发现和结论，我们可以看出定向增发作为一种新的股权融资方式，无论是定向增发前，还是定向增发后，都存在向定向增持方进行输送利益的行为。定向增发后的现金股利、资金占用和投资过度等利益输送行为，最大的受益者是大股东，大股东采用各种策略低价认购定向增发股份，提高自己的控股比例。定向增发后大股东又通过现金分红、资金占用和投资过度等方式把现金流转移到自己口袋里，他们既增加了控制权，又没有付出对等的代价。因此，我国定向增发在增发对象、定向增发完成后监管、信息披露、募集资金审核、监管处罚等方面尚存在诸多问题和不足。对此，本书提出以下政策建议：

（1）进一步鼓励我国上市公司在全流通时代的背景下采取定向增发方式进行股权再融资，尤其是鼓励我国上市公司通过定向增发股权再融资的方式实现企业集团整体上市。企业集团实现整体上市不仅有利于上市公司的资产证券化，也可以减少上市公司与母公司的同业竞争、关联交易等现象，有利于完善上市公司的治理结构，实现企业集团整体价值的最大化。

（2）完善对定向增发认购对象的监管。《上市公司证券发行管理办法》对认购对象的定义较为笼统，既没有对认购对象进行细微的划分，也有没有规定对认购对象的详细资格和行为限制，这容易造成上市公司定向增发的利益输送问题。

因此，应该借鉴美英等国经验，对定向增发的认购对象进行详细的划分，补充对认购者的资金来源、资金规模等的规定，以及与定向增发公司的关系等的限制性规定。同时，区别不同的定向增发关联人，并对其进行清晰的界定，实施区别化的监管，对其认购新股比例进行严格限制，防止上市公司资源的流失，避免控股股东利用定向增发侵占上市公司中小股东的利益。

（3）“矫正”定向增发股权再融资功能，完善募集资金的资源配置功能。监管部门应该加强对定向增发后募集资金的监管，规范定向增发后大股东与上市公司之间的项目资金往来，使其交易更加透明化。同时，对定向增发后投资的项目进行审查，核实募集资金的使用情况，使募集资金得到合理的使用，尤其是审查核实投资于那些关联方的项目，防止上市公司的过度投资行为，从而更好地发挥资本市场的资源配置功能。

（4）进一步完善定向增发事前事后的信息披露制度。我国尚未明确规定增发前和增发后的信息披露固定格式和内容，导致现实中不少公司对定向增发的信息披露，尤其是定向增发后募集资金使用的信息披露极不规范，由于大小股东之间本来就存在信息不对称，大股东拥有投资项目真实价值的信息，小股东难以获得全面信息，这给大股东占用上市公司资金和投资净现值小于零但有利于自身的项目提供了可乘之机。对此，监管部门应要求上市公司详细披露定向增发后募集资金的具体使用说明，以降低定向增发事后大股东与中小股东之间存在的信息不对称，从而保护中小投资者的经济利益。

（5）中国证券管理部门应当健全相关法律法规，引入问责机制以及加强行业自律性，以使得定向增发股权再融资方式有利于上市公司未来的发展。在积极推行定向增发股权再融资方式的同时，规范定向增发后公司的现金分红、大股东资金占用和投资行为等，切实维护广大中小投资者的权益，推动资本市场的健康协调发展。

（6）增强定向增发股份的流动性，降低市场风险，从而减少定向增发事前事后的利益输送行为。根据本书理论假设部分的分析，由于大股东购买的定向增发股票存在3年的锁定期限制，锁定期越长，风险越大，尤其对控股股东及实际控制人而言，他们无法分享股票价格上涨带来的收益，而且还要承担限售期内股价波动带来的市场风险。大股东所持股份暂时不能够上市流通，在转移公司资源的其他方式受到愈加严格的市场监管和法律限制的条件下，控制权私利冲动就会诱导大股东选择派发现金股利、资金占用、投资于净现值小于0但有利于自身的项目，从而侵占中小股东的利益。因此，可以通过降低增发对象的锁定期，减少市场风险，从而减少大股东在定向增发事前事后进行利益输送的动机。

第三节 研究局限和未来研究方向

由于时间和数据的限制，本书得出的研究结论只是普遍性的，可能存在一些不足：

（1）本书研究了在股权分置改革完成的现实条件下实施定向增发A股公司的数据，在研究“定向增发当年及定向增发之后的每年”对投资过度增加在时间上的变化趋势时，完成4年定向增发公司的样本只有23家，样本数据较少，可能会削弱研究结论的说服力。同样，在研究“大股东参与定向增发当年及大股东参与定向增发之后的每年”对资金占用、投资过度增加在时间上的变化趋势时，大股东参与定向增发经过4年时间的样本只有23家，样本数据也较少，也可能会削弱研究结论的说服力。

（2）本书对上市公司实施定向增发后现金分红的研究时，在选可比公司时以上市公司定向增发前一年为基准点，但未选取上市公司定向增发当年为基准点，这可能也需要进行研究验证。

（3）本书在对上市公司实施定向增发后投资过度损害公司经营业绩的研究时，公司业绩的考察最长时间是4年，且样本只有23个。由于经济影响的滞后性，一般公司经营业绩的影响需要5年的时间才能看出好坏，而本书只有4年，时间窗口短，且样本数据少，这也使得研究结论的说服力值得进一步考察。

（4）本书提出的衡量大股东进行利益输送的现金分红、资金占用、投资过度三种指标还有待商榷，不一定可以准确作为利益输送的替代指标。研究发现，定向增发当年或大股东参与定向增发当年，上市公司立即进行现金分红，且都显著增加；但定向增发当年或大股东参与当年，上市公司的资金占用增加并不显著，这说明，大股东可能在选取现金分红还是资金占用上有一定的权衡，使得本书研究结论需要进一本检验。

（5）根据《上市公司证券发行管理办法》关于定向增发的规定，定向增发的股份自发行结束起，12个月内不能转让；控股股东、实际控制人及其控制的公司认购的新股，36 个月内不能转让。鉴于 2006 年 5 月 8 日之后定向增发才大规模出现，截至 2010 年底大股东所持定向增发锁定期满的研究样本公司较少，因此本书无法检验解禁期满后大股东的行为是否会对定向增发公司的市场表现产生影响。

基于以上的研究不足，还有利益输送替代指标的疑虑，未来还有一些值得深入研究的方向：

（1）大股东进行利益输送的途径有很多种，关联交易就是最典型的。那么定向增发后上市公司与关联方之间的关联交易会发生怎样的变化，尤其是有大股东参与的定向增发公司，其关联交易又会发生何种变化，需要以后更加深入的探究。

（2）本书研究发现：定向增发当年或大股东参与当年，上市公司立即进行现金分红，且都显著增加；但定向增发当年或大股东参与当年，上市公司的资金占用增加并不显著，那么现金分红和资金占用是否存在双向替代关系，或存在双向制约关系，这是未来值得研究的一个问题。

（3）大股东参与定向增发认购股份存在 3 年锁定期，那么大股东在解禁前后，大股东是否存在机会主义行为（比如抬高股价变现、盈余管理等），对此，一系列问题的研究无疑会推动定向增发理论的发展。

参考文献

[1] 白重恩、刘俏、陆洲、宋敏、张俊喜：《中国上市公司治理结构的实证研究》，载《经济研究》2005 年第 2 期。

[2] 蔡宁：《上市公司最终控制人及其代理问题研究》，厦门大学博士论文，2005 年。

[3] 曹立竑、夏新平：《定向增发发行特征对其公告效应影响实证研究》，载《武汉理工大学学报》（信息与管理工程版）2009 年第 2 期。

[4] 陈红、杨凌霄：《金字塔股权结构、股权制衡与终极股东侵占》，载《投资研究》2012 年第 3 期。

[5] 陈晓、王琨：《关联交易、公司治理与国有股改革——来自我国资本市场的实证证据》，载《经济研究》2005 年第 4 期。

[6] 陈政：《非公开发行折价、大小股东利益冲突与协同》，载《证券市场导报》2008 年第 8 期。

[7] 程仲鸣、夏新平、余明桂：《政府干预、金字塔结构与地方国有上市公司投资》，载《管理世界》2008 年第 9 期。

[8] 程仲鸣、夏银桂：《制度变迁、国家控股与股权激励》，载《南开管理评论》2008 年第 4 期。

[9] 段亚林：《监管控股股东滥用股权的博弈分析》，载《中国工业经济》2000 年第 5 期。

[10] 邓建平、曾勇、何佳：《利益获取：股利共享还是资金独占?》，载《经济研究》2007 年第 4 期。

[11] 杜兴强、曾泉、杜颖洁：《政治联系类型与大股东资金占用——基于民营上市公司的实证研究》，载《经济与管理研究》2010 年第 2 期。

[12] 高雷、张杰：《公司治理、资金占用与盈余管理》，载《金融研究》2009 年第 5 期。

［13］耿建新、吕跃金、邹小平：《我国上市公司定向增发的长期业绩实证研究》，载《审计与经济研究》2011 年第 6 期。

［14］何丽梅、蔡宁：《我国上市公司定向增发长期股价效应的实证研究》，载《北京工商大学学报（社会科学版）》2009 年第 6 期。

［15］何贤杰、朱红军：《利益输送、信息不对称与定向增发折价》，载《中国会计评论》2009 年第 3 期。

［16］郝颖、刘星、伍良华：《基于内部人寻租的扭曲性过度投资行为研究系》，载《系统工程学报》2007 年第 4 期。

［17］胡旭阳：《上市公司控制权私人收益及计量——以我国国有股权转让为例》，载《财经论丛》2004 年第 3 期。

［18］黄健中：《破解定向增发暗箱》，载《资本市场》2006 年第 6 期。

［19］黄健中：《上市公司非公开发行的定价约束机制研究》，载《上海金融》2007 年第 2 期。

［20］黄建欢、尹筑嘉：《非公开发行、资产注入和股东利益均衡：理论与实证》，载《证券市场导报》2008 年第 5 期。

［21］黄少安、张岗：《中国上市公司股权融资偏好分析》，载《经济研究》2001 年第 11 期。

［22］贺建刚、魏明海、刘峰：《利益输送、媒体监督与公司治理：五粮液案例研究》，载《管理世界》2008 年第 10 期。

［23］姜国华、岳衡：《大股东占用上市公司资金与上市公司股票回报率关系的研究》，载《管理世界》2005 年第 9 期。

［24］雷光勇、刘慧龙：《控股股东性质、利益输送与盈余管理幅度——来自中国 A 股公司首次亏损年度的经验证据》，载《中国工业经济》2007 年第 8 期。

［25］黎来芳、王化成、张伟华：《控制权、资金占用与掏空——来自中国上市公司的经验证据》，载《中国软科学》2008 年第 8 期。

［26］李国富：《家族控股上市公司治理结构问题研究》，厦门大学硕士论文，2002 年。

［27］李康、杨兴君、杨雄：《配股和增发的相关者利益分析和政策研究》，载《经济研究》2003 年第 3 期。

[28] 李梅:《中国股市“隧道行为”分析》,载《经济学家》2004年第6期。

[29] 李增泉、孙铮、王志伟:《“掏空”与所有权安排——来自我国上市公司大股东资金占用的经验证据》,载《会计研究》2004年第12期。

[30] 李增泉、余谦、王晓坤:《掏空、支持与并购重组——来自我国上市公司的经验证据》,载《经济研究》2005年第1期。

[31] 李志文、宋衍蘅:《影响中国上市公司配股决策的因素分析》,载《经济科学》2003年第3期。

[32] 刘峰、贺建刚、魏明海:《控制权、业绩与利益输送——基于五粮液的案例研究》,载《管理世界》2004年第8期。

[33] 刘峰、贺建刚:《股权结构与大股东利益实现方式的选择——中国资本市场利益输送的初步研究》,载《中国会计评论》2004年第1期。

[34] 刘怀珍、欧阳令南:《经理私人利益与过度投资》,载《系统工程理论与实践》2004年第10期。

[35] 柳建华、魏明海、郑国坚:《大股东控制下的关联投资:“效率促进”抑或“转移资源”》,载《管理世界》2008年第3期。

[36] 刘力、王汀汀、王震:《中国A股上市公司增发公告的负价格效应及其二元股权结构解释》,载《金融研究》2003年第8期。

[37] 刘俏、陆洲:《公司资源的“隧道效应”——来自中国上市公司的证据》,载《经济学季刊》2004年第1期。

[38] 刘星、安灵:《大股东控制、政府控制层级与公司价值创造》,载《会计研究》2010年第1期。

[39] 刘宇:《定向增发对相关利益体财富的影响分析》,载《证券市场导报》2006年第4期。

[40] 刘运国、吴小云:《终极控制人、金字塔控制与控股股东的“掏空”行为研究》,载《管理学报》2009年第12期。

[41] 陆正飞、叶康涛:《中国上市公司股权融资偏好解析——偏好股权融资就是缘于融资成本低吗?》,载《经济研究》2004年第4期。

[42] 罗琦、肖文翀、夏新平:《融资约束或过度投资——中国上市企业投资—现金流敏感度的经验证据》,载《中国工业经济》2007年第9期。

[43] 马曙光、黄志忠、薛云奎：《股权分置、资金侵占与上市公司现金股利政策》，载《会计研究》2005 年第 9 期。

[44] 吕长江、周县华：《公司治理结构与股利分配动机——基于代理成本和利益侵占的分析》，载《南开管理评论》2005 年第 3 期。

[45] 聂辉华、方明月、李涛：《增值税转型对企业行为和绩效的影响——以东北地区为例》，载《管理世界》2009 年第 5 期。

[46] 潘红波、夏新平、余明桂：《政府干预、政治关联与地方国有企业并购》，载《经济研究》2008 年第 4 期。

[47] 彭忠波：《上市公司非公开发行证券的对价支付问题探析》，载《证券市场导报》2007 年第 7 期。

[48] 彭韶兵、赵根：《定向增发：低价发行的偏好分析》，载《财贸经济》2009 年第 4 期。

[49] 彭韶兵、赵根：《定向增发股票的公告效应：资产流动性需要和股权集中度稀释》，载《财政研究》2009 年第 7 期。

[50] 饶育蕾、汪玉英：《中国上市公司大股东对投资效率影响的实证研究》，载《南开管理评论》2006 年第 9 期。

[51] 饶育蕾、张媛、彭叠峰：《股权比例、过度担保与隐蔽掏空——来自我国上市公司对子公司担保的证据》，载《南开管理评论》2008 年第 1 期。

[52] 邵军、刘志远：《企业集团内部资本配置的经济后果——来自中国企业集团的证据》，载《会计研究》2008 年第 4 期。

[53] 史宇鹏、周黎安：《地区放权与经济效率：以计划单位为例》，载《经济研究》2007 年第 1 期。

[54] 苏启林、朱文：《上市公司家族控制与企业价值》，载《经济研究》2003 年第 8 期。

[55] 唐清泉、罗党论：《现金股利与控股股东的利益输送行为研究》，载《财贸研究》2006 年第 1 期。

[56] 唐清泉、罗党论、王莉：《大股东的隧道挖掘与制衡力量——来自中国市场的经验证据》，载《中国会计评论》2005 年第 1 期。

[57] 唐雪松、周晓苏、马如静：《上市公司过度投资行为及其制约机制的实证研究》，载《会计研究》2007 年第 7 期。

[58] 唐宗明、蒋位:《中国上市公司大股东侵害度实证分析》,载《经济研究》2002 年第 4 期。

[59] 田利辉:《国有股权对上市公司绩效影响的 U 型曲线和政府股东两手论》,载《经济研究》2005 年第 10 期。

[60] 王浩、刘碧波:《定向增发:大股东支持还是利益输送》,载《中国工业经济》2011 年第 10 期。

[61] 王化成、李春玲、卢闯:《控股股东对上市公司股利政策影响的实证研究》,载《管理世界》2007 年第 1 期。

[62] 王琨、陈晓:《关联方担保的现状及其对公司业绩的影响》,第三届中国实证会计研讨会,2004 年。

[63] 王鹏、周黎安:《控股股东的控制权、所有权与公司绩效:基于中国上市公司的证据》,载《金融研究》2006 年第 2 期。

[64] 王秀丽、马文颖:《定向增发与利益输送行为研究——来自中国资本市场的经验证据》,载《财贸经济》2011 年第 7 期。

[65] 王艳、孙培源、杨忠直:《管理层过度投资与股权激励的契约模型研究》,载《中国管理科学》2005 年第 2 期。

[66] 汪宜霞、夏思慧、王玉东:《利益输送与定向增发价格折扣》,载《武汉理工大学学报(信息与管理工程版)》2009 年第 6 期。

[67] 王志强、张玮婷、林丽芳:《上市公司定向增发中的利益输送行为研究》,载《南开管理评论》2010 年第 3 期。

[68] 吴江、阮彤:《股权分置结构与中国上市公司融资行为》,载《金融研究》2004 年第 6 期。

[69] 武文龙:《我国上市公司定向增发股权再融资实证研究》,天津大学硕士论文,2008 年。

[70] 吴育辉、吴世农、魏志华:《定向增发的时机选择、停牌操控与控股股东掏空》,工作论文,2010 年。

[71] 肖珉:《自由现金流量、利益输送与现金股利》,载《经济科学》2005 年第 2 期。

[72] 辛清泉、林斌、王彦超:《政府控制、经理薪酬与资本投资》,载《经济研究》2007 年第 8 期。

[73] 辛清泉、郑国坚、杨德明：《企业集团、政府控制与投资效率》，载《金融研究》2007年第10期。

[74] 徐斌、俞静：《究竟是大股东利益输送抑或投资者乐观情绪推高了定向增发折扣——来自中国证券市场的证据》，载《财贸经济》2010年第4期。

[75] 徐寿福：《上市公司定向增发公告效应及其影响因素研究》，载《证券市场导报》2010年第5期。

[76] 徐寿福、徐龙炳：《大股东机会主义与定向增发折价——兼析制度变迁的影响》，载《上海财经大学学报》2011年第4期。

[77] 许文彬、刘猛：《我国上市公司股权结构对现金股利政策的影响——基于股权分置改革前后的实证研究》，载《中国工业经济》2009年第12期。

[78] 薛爽、王鹏：《影响上市公司业绩的内部因素分析》，载《会计研究》2004年第3期。

[79] 原红旗：《中国上市公司股利政策分析》，载《财经研究》2001年第3期。

[80] 于静、陈工孟、孙彬：《股权分置改革改善现金股利掠夺效应的有效性》，载《软科学》2010年第8期。

[81] 俞静、徐斌：《发行对象、市场行情与定向增发折扣》，载《中国会计评论》2009年第4期。

[82] 俞静、徐斌：《低价定向增发之谜：一级市场抑价或二级市场溢价？——来自中国证券市场的证据》，载《证券市场导报》2010年第6期。

[83] 余明桂、夏新平、吴少凡：《公司治理研究新趋势——控股股东与小股东之间的代理问题》，载《外国经济与管理》2004年第2期。

[84] 余明桂、夏新平：《控股股东、代理问题与关联交易：对中国上市公司的实证研究》，载《南开管理评论》2004年第6期。

[85] 余明桂、夏新平、邹振松：《控股股东与盈余管理——来自中国上市公司的经验证据》，载《中大管理研究》2006年第1期。

[86] 翟林瑜：《信息、投资者行为与资本市场效率》，载《经济研究》2004年第3期。

[87] 张功富、宋献中：《我国上市公司投资：过度还是不足？——基于沪深工业类上市公司非效率投资的实证度量》，载《会计研究》2009年第5期。

［88］张光荣、曾勇：《大股东的支撑行为与隧道行为——基于托普软件的案例研究》，载《管理世界》2006 年第 8 期。

［89］张光荣、曾勇：《掏空与支持来自关联交易的经验证据》，载《管理学家》2010 年第 3 期。

［90］张祥建、郭岚：《资产注入、大股东寻租行为与资本配置效率》，载《金融研究》2008 年第 2 期。

［91］张祥建、徐晋：《股权融资与大股东控制的“隧道效应”——对上市公司股权再融资偏好的再解释》，载《管理世界》2005 年第 11 期。

［92］张鸣、郭思永：《大股东控制下的定向增发和财富转移——来自中国上市公司的经验证据》，载《会计研究》2009 年第 5 期。

［93］章卫东、李德忠：《定向增发新股折扣率的影响因素及其与公司短期股价关系的实证研究》，载《会计研究》2008 年第 9 期。

［94］章卫东：《定向增发新股、整体上市与股票价格短期市场表现的实证研究》，载《会计研究》2007 年第 12 期。

［95］章卫东：《定向增发新股、投资者类别与公司股价短期表现的实证研究》，载《管理世界》2008 年第 4 期。

［96］章卫东：《定向增发新股与盈余管理——来自中国证券市场的经验证据》，载《管理世界》2010 年第 1 期。

［97］章卫东、李海川：《定向增发新股、资产注入类型与上市公司绩效的关系——来自中国证券市场的经验证据》，载《会计研究》2010 年第 3 期。

［98］赵昌文、蒲自立、杨安华：《中国上市公司控制权私有收益的度量及影响因素》，载《中国工业经济》2004 年第 6 期。

［99］赵立力、谭德庆、郭田德：《基于展望理论的股票终止增发效应分析》，载《管理评论》2008 年第 10 期。

［100］赵玉芳、余志勇、夏新平、汪宜霞：《定向增发、现金分红与利益输送——来自中国上市公司的经验证据》，载《金融研究》2011 年第 11 期。

［101］赵玉芳、夏新平、刘小元：《定向增发、大股东资金占用与利益输送——来自中国上市公司的经验证据》，载《投资研究》2012 年第 12 期。

［102］郑琦：《定向增发对象对发行定价影响的实证研究》，载《证券市场导报》2008 年第 4 期。

［103］郑琦：《定向增发公司盈余管理研究》，载《上海金融学院学报》2009 年第 3 期。

［104］周黎安、陈烨：《中国农村税费改革的政策效果——基于双重差分模型的估计》，载《经济研究》2005 年第 8 期。

［105］周晓苏、张继袖、唐洋：《控股股东所有权、双向资金占用与盈余质量》，载《财经研究》2008 年第 2 期。

［106］周中胜：《治理环境、政府干预与大股东利益输送》，载《山西财经大学学报》2007 年第 4 期。

［107］朱红军、何贤杰、陈信元：《定向增发盛宴背后的利益输送现象：理论根源与制度成因——基于驰宏锌锗的案例研究》，载《管理世界》2008 年第 6 期。

［108］朱凯、陈信元：《配股发行折价：从代理理论角度进行的解释》，载《中国会计评论》2004 年第 1 期。

［109］邹斌、章卫东、周冬华、王珏伟：《定向增发与公开增发新股融资股东财富效应的实证研究》，载《经济评论》2011 年第 6 期。

［110］Aggarwal，R. K.，Andrew，A. S. 2006. Empire Builders and Shirkers：Investment，Firm Performance，and Managerial Incentives. *Journal of Corporate Finance* 12（3）：489 –515.

［111］Albalate，D. 2008. Lowering Blood Alcohol Content Levels to Save Lives：the European Experience. *Journal of Policy Analysis and Management* 27（1）：20 –39.

［112］Anderson，H. D.，Rose，L. C.，Cahan，S. F. 2006. Differential Shareholder Wealth Effects and Volume Effects of Private Equity Placements in New Zealand. *Pacific Basin Finance Journal* 14（4）：367 –394.

［113］Arena，M. P.，Stephen P. F. 2007. When Managers by Shareholder Approval of Board Appointments：Evidence from the Private Security Market. *Journal of Corporate Finance* 13（4）：485 –510.

［114］Aslan，H.，Praveen，K. 2008. Controlling Shareholders，Ownership Structure and Bank Loans. Working Paper.

［115］Asquith，P.，David，W. M. 1986. Equity Issues and Offering Dilution. *Journal of Financial Economics* 15 (1 -2): 61 -89.

[116] Atanasov, V. 2005. How Much Value Can Blockholders Tunnel? Evidence from the Bulgarian Mass Privatization Auctions. *Journal of Financial Economics* 76 (1): 191 -2341.

[117] Bae, K - H., Kang, J - K, Kim, J - M. 2002. Tunneling or Value Added? Evidence from Mergers by Korean Business Groups. *Journal of Finance* 57 (6): 2695 -2740.

[118] Baek, J - S., Kang, J - K., Lee, I. 2006. Business Group and Tunneling: Evidence from Private Securities Offerings by Korean Chaebols. *Journal of Finance* 61 (5): 2415 -2449.

[119] Barber, B. M., John, D. L. 1996. Detecting Abnormal Operating Performance: the Empirical Power and Specification of Test Statistics. *Journal of Financial Economics* 41 (3): 359 -399.

[120] Barclay, M. J., Holderness, C. G., Shee han, D. P. 2001. The Block Pricing Puzzle. Working Paper, Simon School of Business.

[121] Barclay, M. J., Holderness, C. G., Shee han, D. P. 2007. Private Placements and Managerial Entrenchment. *Journal of Corporate Finance* 13 (4): 461 -484.

[122] Bebchuk, L. A., Kraakman, R., Triantis, G. 1999. Stock Pyramids, Cross - Ownership and Dual Class Equity: the Creation and Agency Costs of Separating Control From Cash - Flow Rights. Working Paper.

[123] Bennedsen, M., Wolfenzon, D. 2000. The Balance of Power in Closely Held Corporations. *Journal of Financial Economics* 58 (1 -2): 113 -139.

[124] Berkovltch, E., Kim, E. H. 1990. Financial Contracting and Leverage Induced over and Under-investment Incentives. *Journal of Finance* 45 (3): 765 -794.

[125] Berle, A., Means, G. 1932. The Modern Corporation and Private Property. Macmillan, New York.

[126] Bertrand, M, Mehta, P., Mullainathan, S. 2002. Ferreting out Tunneling: An Application to Indian Business Groups. *Quarterly Journal of Economics* 117 (1): 12 -148.

[127] Bertrand, M., Mullainathan, S. 2003. Enjoying the Quiet Life? Corporate Governance and Managerial Preference. *Journal of Political Economy* 111 (5): 1043 – 1075.

[128] Carpentier, C., L' Her, J – F., Suret, J – M. 2005. The Cost of Issuing Private versus Public Equity. Working Paper, Laval University.

[129] Chang, S. J. 2003. Ownership Structure, Expropriation, and Performance of Group-affiliated Companies in Korea. *Academy of Management Journal* 46 (2): 238 – 2531.

[130] Chaplinsky, S., Haushalter, D. 2010. Financing under Extreme Risk: Contract Terms and Returns to Private Investments in Public Equity. *Review of Financial Studies* 23 (7): 2789 – 2820.

[131] Chen, A., Cheng, L., Cheng, K., Chih, S. 2010. Earnings Management, Market Discounts and the Performance of Private Equity Placements. *Journal of Banking and Finance*, 34 (8): 1922 – 1932.

[132] Chen, D. H, Jian, M., Wong, T. J. 2003. Do Dividend Policies of Chinese Listed Firms Constrain or Facilitate Tunneling? Working Paper, Shanghai University of Finance and Economics.

[133] Chen, S – S., Ho, K. W., Lee, C – f., Yeo, G. H. H. 2002. Wealth Effects of Private Equity Placements: Evidence from Singapore. *Financial Review* 37 (2): 165 – 183.

[134] Cheung, Y – L, Qi, Y. H., Rau, R. P., Stouraitis, A. 2009. Buy High Sell Low: How Listed Firms Price Asset Transfers in Related Party Transactions. *Journal of Banking and Finance* 33 (5): 914 – 924.

[135] Cheung, Y – L, Rau, R. P., Stouraitis, A. 2006. Tunneling, Propping and Expropriation: Evidence from Connected Party Transactions in Hong Kong. *Journal of Financial Economics* 82 (2): 343 – 386.

[136] Chou, D – W, Gombola, M., Liu, F. Y. 2006. Earnings Management and Long-run Stock Performance Following Private Equity Placements. *Review of Quantitative Finance and Accounting* 34 (2): 225 – 245.

[137] Claessens, S., Djankov, S., Lang, L. H. P. 2000. The Separation of

Ownership and Control in East Asian Corporations. *Journal of Financial Economics* 58 (1－2): 81－112.

[138] Claessens, S., Djankov, S., Lang, L. H. P. 1999. Expropriation of Minority Shareholder: Evidence from East Asia. World Bank, Washington DC.

[139] Claessens, S., Djankov, S., Fan, J. P. H.., Lang, L. H. P. 2002. Disentangling the Incentive and Entrenchment Effects of Large Shareholders. *Journal of Finance* 57 (6): 2741－771.

[140] Cronqvist, H., Nilsson, M. 2005. The Choice between Rights Offerings and Private Equity Placements. *Journal of Financial Economics* 78 (2): 375－407.

[141] Dann, L. Y., DeAngelo, H. 1988. Corporate Financial Policy and Corporate Control: A Study of Defensive Adjustments in Asset and Ownerships Structure. *Journal of Financial Economics* 20 (1－3): 87－127.

[142] Dow, S., McGuire, J. 2009. Propping and Tunneling: Empirical Evidence from Japanese Keiretsu. *Journal of Banking & Finance* 33 (10): 1817－1828.

[143] Durnev, A., Kim, E. H. 2005. To Steal or Not to Steal: Firm Attributes, Legal Environment, and Valuation. *Journal of Finance* 60 (3): 1461－1493.

[144] Dyck, A., Zingales, L. 2004. Private Benefits of Control: An International Comparison. *Journal of Finance* 59 (4): 537－600.

[145] Faccio, M., Lang, H. P. L. 2002. The Ultimate Ownership of Western European Corporations. *Journal of Financial Economics* 65 (3): 365－395.

[146] Faccio, M., Lang, L. H. P., Young, L. 2001. Dividends and Expropriation. *The American Economic Review* 91 (1): 54－78.

[147] Faccio, M., Lang, L. H. P., Young, L. 2003. Debt and Expropriation. Working Paper.

[148] Franks, J. R., Mayer, C. 2001. Ownership and Control of German Corporations. *The Review of Financial Studies* 14: 943－977.

[149] Friedman, E., Johnson, S., Mitton, T. 2003. Propping and Tunneling. *Journal of Comparative Economic* 31 (4): 732－750.

[150] Fu, F. J. 2010. Overinvestment and the Operating Performance of SEO Firms. *Financial Management* 39 (1): 249－272.

[151] Eckbo, B. E. , Norli, O. 2005. The Choice of Seasoned – Equity Selling Mechanism: Theory and Evidence. Working paper, Dartmouth College – Tuck School of Business.

[152] Fama, E. F. 1980. Agency Problems and the Theory of the Firm. *Journal of Political Economy* 88 (2): 288 – 307.

[153] Gao, L. , Kling, G. 2007. Corporate Governance and Tunneling: Empirical Evidence from China. *Pacific – Basin Finance Journal* 16 (5): 591 – 605.

[154] Gonenc, H. , Hermes, N. 2007. Propping: Evidence from New Share Issues of Turkish Business Group Firms. *Journal of Multinational Financial Management* 18 (3): 261 – 275.

[155] Gordon, M. 1961. *The Investment, Financing, and Valuation of the Corporation.* Richard D, Irwin.

[156] Grossman, S. , Hart, O. 1988. One Share-one Vote and the Market for Corporate Control. *Journal of Financial Economics* 20 (10): 175 – 202.

[157] Gruber, J. 2000. Disability Insurance Benefits and Labor Supply. *Journal of Political Economy* 108 (6): 1162 – 1183.

[158] Gruber, J. , Poterba, J. 1994. Tax Incentives and the Decision to Purchase Health Insurance: Evidence from the Self-employed. *Quarterly Journal of Economics* 109 (3): 701 – 733.

[159] Gugler, K. , Yurtoglu, B. B. 2003. Corporate Governance and Dividend Pay-out Policy in Germany. *European Economic Review* 47 (4): 731 – 758.

[160] Hertzel, M. , Lemmon, M. , Linck, J. S. , Rees, L. 2002. Long-run Performance Following Private Placements of Equity. *Journal of Finance* 57 (6): 2595 – 2617.

[161] Hertzel, M. , Smith, R. L. 1993. Market Discounts and Shareholders Gains for Placing Equity Privately. *Journal of Finance* 48 (2): 459 – 485.

[162] Huson, M. R. , Malatesta, P. H. , Parrino, R. 2009. Capital Market Conditions and the Pricing of Private Equity Sales by Public Firms. Working paper, University of Alberta.

[163] Jensen, M. C. 1986. Agency Costs of Free Cash Flow, Corporate Finance,

and Takeovers. *The American Economic Review* 76 (2): 323 - 329.

[164] Jian, M., Wang, T. J. 2003. Earnings Management and Tunneling through Related Party Transactions: Evidence from Chinese Corporate Groups. Working Paper.

[165] Johnson, S., La Porta, R., Lopez - de - Silanes, F., Shleifer, A. 2000. Tunneling. *American Economic Review* 90 (2): 22 - 27.

[166] Jung, K., Kim, Y - C., Rene, M. S. 1996. Timing, Investment Opportunities, Managerial Discretion and the Security Issue Decision. *Journal of Financial Economics* 42 (2): 159 - 186.

[167] Jolls, C. 2004. Identifying the Effects of the Americans with Disabilities Act Using State-law Variation: Preliminary Evidence on Educational Participation Effects. *American Economic Review* 94 (2): 447 - 453.

[168] Kato, K., Schallheim, J. S. 1993. Private Equity Financing in Japan and Corporate Grouping. *Pacific - Basin Finance Journal* 1 (3): 287 - 307.

[169] Krislmamurthy, S., Paul, S., Venkat, S., Tracie, W. 2005. Does Investor Identity Matter in Equity Issues? Evidence from Private Placements. *Journal of Financial Intermediation* 14 (2): 210 - 238.

[170] La Porta, R., Lopez - de - Silanes, F., A. Shleifer, Vishny, R. W. 1998. Law and Finance. *Journal of Political Economy* 106 (6): 1113 - 1155.

[171] La Porta, R., Lopez - de - Silanes, F., A. Shleifer. 1999. Corporate Ownership around the World. *Journal of Finance* 54 (2): 471 - 517.

[172] La Porta, R., Lopez - de - Silanes, F., A. Shleifer, Vishny, R. W. 2000. Investor Protection and Corporate Governance. *Journal of Financial Economics* 58 (1 - 2): 3 - 27.

[173] Lee, C - F., Wu, Y. L. 2008. Two-stage Models for the Analysis of Information Content of Equity-selling Mechanisms Choices. *Journal of Business Research* 62 (1): 123 - 133.

[174] Lee, C - W. J., Xiao, X. 2002. Cash Dividends and Large Shareholder Expropriation in China. Working Paper, Tulane University.

[175] Lemmon, M. L., Karl, V. L. 2003. Ownership Structure, Corporate

Governance, and Firm Value: Evidence from the East Asian Financial Crisis. *Journal of Finance* 58 (4): 1445 –1468.

[176] Leuz, C., Nanda, D., Wysocki, P. D. 2003. Earnings Management and Investor Protection: An International Comparison. *Journal of Financial Economics* 69 (3): 505 –527.

[177] Loughran, T., Ritter, J. R. 1995. The New Issues Puzzle. *The Journal of Finance* 50 (1): 23 –51.

[178] Maki, D. M. 2001. Household Debt and the Tax Reform Act of 1986. *American Economic Review* 91 (1): 305 –319.

[179] Marciukaityte, D., Szewczyk, S. H., Varma, R. 2005. Investor Over-optimism and Private Equity Placements. *Journal of Financial Research* 28 (4), 591 –608.

[180] Martin, H., Hogfeldt, P. 2009. Pyramidal Discounts: Tunneling or Over-investment? *International Review of Finance* 9 (1 –2): 133 –175.

[181] Maynes, E., Pandes, A. 2008. Private Placements and Liquidity. Working Paper, York University.

[182] Modigliani, F., Miller, M. 1958. The Cost of Capital, Corporation Finance and the Theory of Investment. *American Economic Review* 48 (3): 261 –297.

[183] Mola, S., Loughran, T. 2004. Discounting and Clustering in Seasoned Equity Offering Prices. *Journal of Financial and Quantitative Analysis* 39 (1): 1 –23.

[184] Myers, S. C., Majluf, N. S. 1984. Corporate Financing and Investment Decisions When Firms have Information that Investors Do not Have. *Journal of Financial Economics* 13 (2): 187 –221.

[185] Pagano, M., Roell, A. 1998. The Choice of Stock Ownership Structure: Agency Costs, Monitoring and the Decision to Go Public. *The Quarterly Journal of Economics* 113 (1): 187 –225.

[186] Richardson, S. 2006. Over-investment of Free Cash Flow. *Review of Accounting Studies* 11 (2 –3): 159 –189.

[187] Shleifer, A., Vishny, R. W. 1997. A Survey of Corporate Governance. *Journal of Finance* 52: 737 –783.

[188] Silber, W. L. 1991. Discounts on Restricted Stock: the Impact of Liquidity on Stock Prices. *Financial Analysts Journal* 47 (4): 60 – 64.

[189] Spiess, D. K., Affleck – Graves, J. 1995. Underperformance in Long-run Stock Returns following Seasoned Equity Offerings. *Journal of Financial Economics* 38 (3): 243 – 267.

[190] Titman, S., Wei, K., and Xie, F. 2004. Capital Investments and Stock Return. *Journal of Financial and Quantitative Analysis* 39: 677 – 700.

[191] Tan, R. S. K., Chung, P. L., Tong, Y. H. 2002. Private Placements and Rights Issue in Singapore. *Pacific – Basin Finance Journal* 10 (1): 29 – 54.

[192] Wei, K. C. J., Zhang, Y. 2008. Ownership Structure, Cash Flow, and Capital Investment: Evidence from East Asian Economies before the Financial Crisis. *Journal of Corporate Finance* 14 (2): 118 – 132.

[193] Wong, T. J., Jian, M. 2004. Earnings Management and Tunneling through Related Party Transactions: Evidence from Chinese Corporate Groups. Working paper, Chinese University of Hong Kong.

[194] Wruck, K. H. 1989. Equity Ownership Concentration and Firm Value: Evidence from Private Equity Financings. *Journal of Financial Economics* 23 (1): 3 – 28.

[195] Wruck, K. H., Wu Yi – lin. 2009. Relationship, Corporate Governance and Performance: Evidence from Private Placements of Common Stock. *Journal of Corporate Finance* 15 (1): 30 – 47.

[196] Wu, Y. 2004. The Choice of Equity-selling Mechanisms. *Journal of Financial Economics* 74 (1): 93 – 119.

[197] Wu, X., Wang, Z., Yao, J. 2005. Understanding the Positive Announcement Effect of Private Equity Placements: New Insights from Hong Kong Data. *Review of Finance* 9 (3): 385 – 414.

后　记

从2012年7月进入中南财经政法大学教师行列，距今7年。在学校和学院领导的关心、指导和同事们的帮助下，我迅速进入了工作角色。但闲暇之余，我非常怀念华科大的十年校园生活。在十年求学的道路上，我经历过挫折和病痛，这些让我不断地成长，不断地认识自我。时隔七年，我仍然要感谢关心和帮助我的导师和家人。

深深感谢我的导师夏新平教授，无论是读博期间还是工作期间，他给予了我无尽的教诲和帮助。11年前，恩师不嫌我专业跨度大、基础薄弱，满怀信任地接纳了我，使我有机会接触和了解公司财务。在2010年8月至2011年1月期间，我处于博士论文开题、眼病反复期，夏老师给予我极大的支持、宽容和信任，这才使我能走出深受病痛反复折磨的阴影。博士论文得以顺利完成，离不开夏老师的悉心指导，从博士论文提纲的拟定，从形成初稿、不断修改到最后定稿，夏老师都倾注了大量心血。在四年的读博期间，无论是学术沙龙，还是平时的交流，夏老师所给我的指导和鼓励，教会了我如何做人、做事、做学问。还有一件这样的事情，令我至今难忘。2017年3月16日，在我即将提交国家自然科学基金项目申请书的最后1小时内，夏老师通过电话一如既往地悉心指导调整该申请书的相关内容。在此，谨向夏老师致以最崇高的敬意和最衷心的感谢。

我要衷心感谢我的家人。感谢我的父母给了我无限的支持和鼓励，他们成为我不断进取的动力。尤其在我21年求学成长道路上，他们给我提供了最好的条件，让我后顾无忧。同时，感谢我的妹妹、弟弟在家中代我照顾父母。感谢严国强和赵前桂，在我就读华科大十年期间给予的极大帮助和鼓励。感谢我的丈夫潘鲍思的陪伴，鼓励和协助，谢谢你在下班后陪伴和教育孩子，给我们做各种美食，带我们一起到外面看世界。感谢我两个年幼的女儿，谢谢她们在我学习时，自己玩耍，时时来拉拉我的裤脚和抱抱我。未来的路，只要有你们陪伴，每天都会洋溢着幸福和快乐。

本书可能还存在诸多不足之处，恳请读者朋友们批评指正。

赵玉芳

二零一九年六月四日于巴尔加赫